썬킴의 거침없는 세계사

일러두기

· 작가 특유의 화법을 살리기 위해 구어체로 작성되었습니다.

· 직접 인용의 경우 " ", 저자의 해석이 가미된 인용문은 ' '으로 표기했습니다.

· 주요 인명, 지명 등은 국립국어원 외래어표기법을 따르되 일부는 소리 나는 대로 표기했습니다.

· 언론매체, 영화는 〈 〉으로, 단행본은 《 》으로 표기했습니다.

· 전쟁사 주요 지역 지도(8~11쪽)는 2차 대전 이후 지도를 변형하여 사용했습니다.

썬킴의 거침없는 세계사

지은이 썬킴
펴낸이 임상진
펴낸곳 (주)넥서스

초판 1쇄 발행 2021년 4월 26일
초판 44쇄 발행 2024년 9월 12일

출판신고 1992년 4월 3일 제311-2002-2호
주소 10880 경기도 파주시 지목로 5
전화 (02)330-5500 팩스 (02)330-5555

ISBN 979-11-6683-051-8 03900

www.nexusbook.com

지식의 숲은 (주)넥서스의 인문교양 브랜드입니다.

세계대전부터 태평양 전쟁, 중국 근대사까지
전쟁으로 읽는 역사 이야기

썬킴의
거침없는
세계사

썬킴 지음

지식의숲

우리가 아는 역사에 우연은 없다

오랫동안 영화판에서 일했다. 물론 지금은 전혀 다른 분야에서 밥벌이하고 있지만 말이다. 영화 일을 하던 당시 선배 감독들에게서 귀가 닳도록 들은 얘기가 있다. "세상 그 어떤 일도 우연히 일어나는 일은 없다"라는 말이다. 즉 영화의 스토리 구조를 만들 때 '갑툭튀' 사건은 있어서는 안 된다는 뜻이기도 하다. 모든 사건과 이벤트는 인과관계가 철저해야 하고, 사건들은 서로 다 연결되어 있어야 한다는 조언이었다.

이 말이 내 가슴에 와 닿았다. 그 뒤로 관람하려는 영화의 배경이 되는 '역사'를 먼저 조사한 후 영화를 보기 시작했고, 이전과는 다르게 해당 영화를 더 넓게 이해할 수 있었다. 예를 들어 〈바람과 함께 사라지다〉(Gone with the Wind, 1939)를 보기 전에 영화의 배경인 '남북전쟁사'에 대해 공부하면서 미국은 왜 남과 북으로 나뉘어 서로 싸우게 되었는지를 자세히 알게 된 것이다. 또 〈JFK〉(1991)를 보기 전에는 아일랜드계 가톨릭 신자였던 존 F. 케네디 대통령을 이해하기 위해, 아일랜드계 미국 이민자의 정착 과정을 공부했다. 덕분에 영화의 전후 맥락을 자세히 알게 되어 아직까지도 속속들이 기억이 난다.

이렇게 '영화를 이해하기 위한 역사 공부'를 하는 과정에서 또 하나 느낀 점이 있다. 바로 '모든 역사적 사건은 서로 긴밀히 연결되어 있다'라는 사실이다. 앞서 선배 감독들이 강조했던 우연은 없다는 말과 일맥상통하는 점이었다. 그렇게 내 호기심은 우리가 단편적으로 암기해왔던 역사적 사건들의 연결고리를 찾는 쪽으로 흘렀다. 그 결과는 놀라웠다. 1차 대전과 2차 대전의 상관관계는 말할 것도 없고, 타이타닉호 침몰이 미국의 1차 대전 참전을 이끌었고 또 1차 대전이 결과적으로 우리나라의 3·1운동에 영향을 줬다는 사실, 다시 3·1운동이 중국 5·4운동에 영향을 주어 공산당의 창당을 이끌게 되었다는 것까지 '역사의 나비효과'를 발견했다. 꼬리에 꼬리를 무는 역사가 눈에 들어오기 시작한 것이다.

역사도 영화도 어차피 사람 사는 이야기다. 이 복잡한 사람 사는 이야기를 단지 도표 외우기, 연도 외우기로만 학습한다면 당연히 지루함을 느끼고, 배움과 멀어질 수밖에 없다. 이 책을 통해 내가 영화와 역사를 공부하면서 깨달은 점, 즉 우리가 단편적으로 배웠던 국사와 세계사가 모두 다 유기적으로 상호 작용을 하는 사건들이었다는 사실을 전하려고 한다. '역사에 우연이란 없다'라는 메시지를 보여주기 위해 노력했다.

우선 역사 전공자가 아님에도 역사 단행본 출간을 제안해준 넥서스 관계자 여러분께 감사의 말씀을 드린다. 또 세계사, 역사라는 분야에서 마음껏 이야기보따리를 풀 수 있도록 해주고, 결국 출간까지 이어지게 도와준 네이버 오디오클립 관계자 여러분, 모모콘 관계자 여러분께 진심으로 감사의 말씀을 드린다. 그리고 무엇보다도 많이 부족한 〈썬킴의 세계사 완전정복〉 콘텐츠를 네이버 오디오클립 인문학 분야 1위로 올려주신 수많은 청취자, 독자분 들께 사랑한다는 말을 전하고 싶다.

이 책은 현재 시점에서 우리에게 필요한 세계사의 흐름과 정보들을 알
차게 전해준다. 1·2차 세계대전부터 시작하여 태평양 전쟁, 중국 근대
사에 대한 내용을 읽다보면 근현대 세계사의 흐름이 거침없이 한눈에
들어올 것이다. 역사적 자료에 바탕한 도판과 지도가 이해를 돕고, 썬
킴만의 막힘없는 설명과 살아 숨 쉬는 표현들이 읽는 재미를 더한다.

- 신병주 건국대 사학과 교수, KBS 〈역사저널 그날〉 패널

썬킴과 함께 네이버 오디오클립 〈배신의 역사〉를 같이 진행하고 있다.
역사를 알고 역사에 대해 배울수록 '세상사에 우연히 일어난 사건'은
없다는 점을 다시금 느낀다. 그런 점에서 세계사의 주요 사건들을 '하
나의 큰 그림'으로 엮어낸 저자에게 큰 박수와 지지를 보낸다. 세계사
의 큰 흐름을 한눈에 파악하고자 하는 독자들에게 추천한다.

- 박지훈 변호사, 시사평론가, 네이버 오디오클립 〈배신의 역사〉 진행

역사란 삶에 있어 수험기간의 족보와도 같습니다. 날이 갈수록 그렇
게 느낍니다. '역사가 되풀이된다'라는 말은 누구나 알고 있습니다. 헤
겔도 그렇고 마르크스도 그랬습니다. 그에 더해 가라타니 고진은 역사
가 되풀이될 때의 내용이 중요한 게 아니라, 되풀이될 수밖에 없는 형
식과 구조가 중요하다고 말했습니다. 우리 삶도 크고 작은 실수로 가

득 차 있습니다. 다시는 같은 실수를 하지 말아야겠다고 다짐하면서도 기어이 저지르지요. 인간은 그걸 평생 반복합니다. 고진의 말을 빌리자면 우리 또한 실수의 내용이 아니라, 왜 그런 실수를 할 수밖에 없었는지에 관해 고민해야 할지 모릅니다. 그런 면에서 역사를 돌아보는 일은 중요합니다.

인류의 가장 눈부신 성과를 돌아보는 일도 필요하지만, 그보다 가장 치졸하고 잔인하며 한심하기 짝이 없는 실수들에 관심을 가져야 합니다. 당대 가장 훌륭한 지성들이 왜 그런 바보 같은 짓을 반복했는지를 이해할 때, 우리 삶의 불안 또한 평정으로 이끌 수 있습니다. 썬킴은 이런 종류의 이야기를 가장 친근하고 재미있게 설명해내는 입담꾼이자 안내자입니다. 인류의 가장 지독한 실수라고 할 만한 전쟁사로 이끄는 길잡이가 다른 누구도 아닌 썬킴이라면, 여러분은 그 손을 별 걱정 없이 잡으셔도 될 겁니다.

역사란 삶에 있어 '수험기간의 족보'와도 같습니다. 다만 정답이 아니라 오답으로 가득한 족보입니다. 오만과 욕심으로 얼룩진 저 오답들 속에서 여러분의 삶을 밝히는 지혜를 찾게 되기를 바랍니다.

- 작가 허지웅《살고 싶다는 농담》 출간

아일랜드

영국

런던

네덜란드

대서양

5 연합군, 노르망디 상륙

노르망디 해변

벨기에

2 독일, 프랑스 진격

독일

5 서부전선 대공세

3 베르됭 전투

4 독일군 무제한 잠수함 작전

파리

마른강

베르됭

2 마른 전투

오스트

프랑스

포르투갈

스페인

이탈리아

1차 세계대전 관련 사건
오스트리아, 세르비아에 선전포고 1914.7
마른 전투 1914.9
베르됭 전투 1916.2
독일의 무제한 잠수함 작전 1917.1
서부전선 대공세 1918.3

2차 세계대전 관련 사건
독일, 폴란드 침공 1939.9
독일, 프랑스 진격 1940.5
독일, 소련 침공 1941.6
독일, 스탈린그라드 침공 1942.7
연합군, 노르망디 상륙 1944.6

모스크바

3 독일, 소련 침공

바르샤바

폴란드

러시아

1 독일, 폴란드 침공

4 독일, 스탈린그라드 침공

스탈린그라드

체코슬로바키아

헝가리

부다페스트

루마니아

오스트리아-헝가리 제국
세르비아에 선전포고

...니아

세르비아

사라예보

앙카라

터키

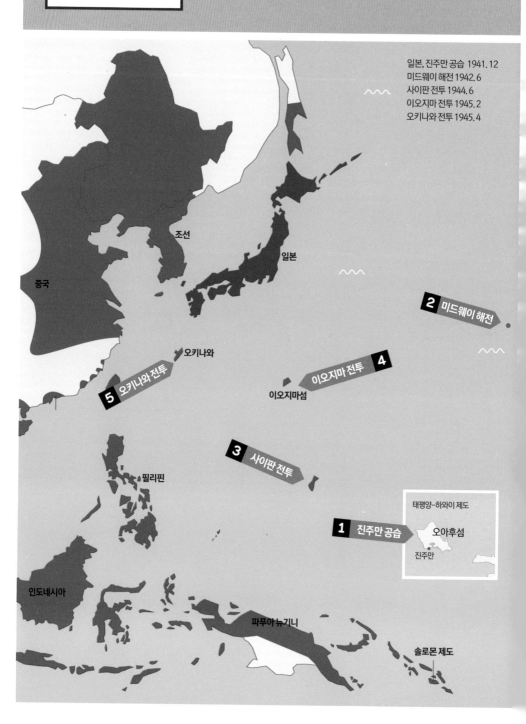

태평양 전쟁 주요 전쟁 지역

일본, 진주만 공습 1941.12
미드웨이 해전 1942.6
사이판 전투 1944.6
이오지마 전투 1945.2
오키나와 전투 1945.4

조선

일본

중국

2 미드웨이 해전

오키나와

오키나와 전투 5

이오지마 전투 4

이오지마섬

3 사이판 전투

필리핀

태평양-하와이 제도

1 진주만 공습

오아후섬

진주만

인도네시아

파푸아뉴기니

솔로몬 제도

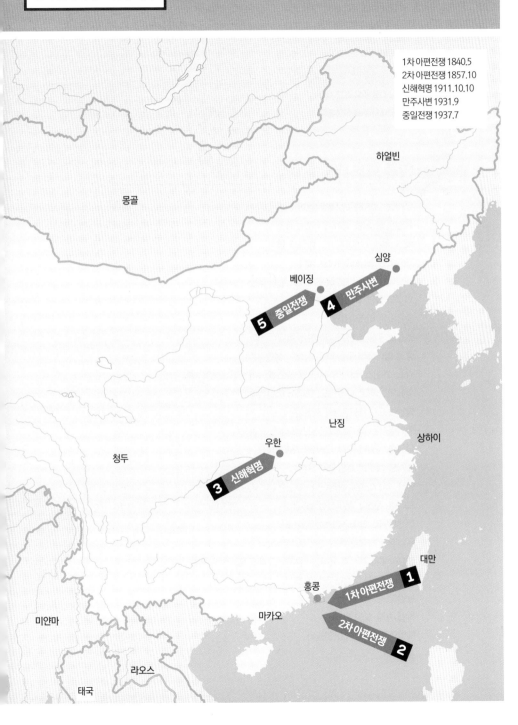

중국 근대사 주요 전쟁 지역

1차 아편전쟁 1840.5
2차 아편전쟁 1857.10
신해혁명 1911.10.10
만주사변 1931.9
중일전쟁 1937.7

하얼빈

몽골

심양

베이징

5 중일전쟁 **4 만주사변**

난징

우한

상하이

청두

3 신해혁명

대만

홍콩 **1차 아편전쟁 1**

마카오

미얀마

2차 아편전쟁 2

라오스

태국

1 인류 최초 대량 살육전 1차 대전

영화로 듣는 세계사 | 1917

2 치밀하게 계획된 2차 대전

영화로 듣는 세계사 | 에너미 앳 더 게이트

3 일본, 미국과 맞짱 뜨다 태평양 전쟁

영화로 듣는 세계사 | 미드웨이

4 아편전쟁에서 국공내전까지 중국 근대사

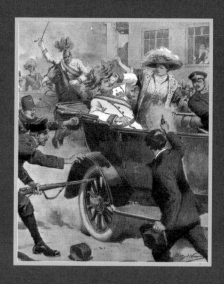

사라예보 사건

1914년 사라예보에서 오스트리아 황태자 페르디난트 대공 부부 암살 사건이 1차 대전의 계기가 된
것은 맞습니다. 하지만 세상의 모든 전쟁은 그렇게 쉽게 일어나지는 않아요. 1차 대전이 터질 수밖에
없었던 그 배경! 자, 이제 우리 모두 타임머신을 타고 오스트리아 황태자 부부가 암살당한 1914년 6월
28일로부터 약 100년 전 독일로 날아가 봅시다!

1장

인류 최초 대량 살육전
1차 대전

1914-1918

1차 대전의 주요 사건

1914 6월 28일 보스니아 사라예보에서
오스트리아-헝가리 제국의 페르디난트
대공 부처 암살

1914 7월 28일 오스트리아, 세르비아에 전쟁 선포하며
1차 대전 발발

1914 9월 6일 프랑스, 파리 근교 마른강에서 독일의
진격을 막아내면서 참호전 시작

1915 5월 7일 영국 여객선 루시타니아호, 독일
잠수함에 격침, 미국의 참전 계기가 되다

1916 1월 10일 솜(Somme) 전투. 세계 최초로 전쟁에
전차가 등장하다

1917 2월 3일 독일, 무제한 잠수함 작전 시작
연합군 선박 무차별 공격

1917 3월 1일 독일, 멕시코에게 미국 공격 사주

1917 11월 7일 러시아 볼셰비키 혁명 발발
러시아, 1차 대전에서 발을 빼다

1918 11월 3일 독일 킬 항구 수병 반란

1918 11월 9일 독일 황제 빌헬름 2세 네덜란드로 망명
독일, 1차 대전 패망

우리는 1차 대전에 대해
얼마나 아는가?

　먼저 질문부터 해보겠습니다. 1차 대전을 배경으로 하는 영화 3편만 떠올려보세요. 대부분 영화 〈1917〉(2019) 말고는 잘 떠오르지 않을 겁니다. 걱정하지 마세요. 여러분이 영화에 대해 잘 모르는 게 아니라 정말로 1차 대전 배경의 영화가 거의 없습니다. 그런데 이상하지 않나요? 〈진주만〉(Pearl Harbor, 2001), 〈라이언 일병 구하기〉(Saving Private Ryan,1998) 등 2차 대전, 태평양 전쟁을 배경으로 하는 영화는 굉장히 많은데 왜 1차 대전을 배경으로 하는 영화는 별로 없을까요? 사망률이 낮아서 그럴까요? 아니요. 1차 대전의 사망자 수는 공식적으로 1,600만 명, 비공식적으로는 무려 3,000만 명이었습니다. 엄청난 살육전이었습니다.

　그렇다면 우리는 왜 1차 대전에 대해 잘 모르거나, 무관심할까요. 그 이유는 영화 〈1917〉에 나와 있습니다. 전쟁 영화치고 전투 장면, 전투기들의 공중전 등이 거의 없어 의아했을 수도 있습니다. 일반적인 전쟁 영화에 나오는 화끈한 전투 장면이 거의 없습니다. 주인공 둘이 영화 처음부터 끝까지 별 대사도 없이 계속 뛰어다니기만 하지요. 그래서 '뭐야? 이거 전쟁 영화 맞아?' 하고 불만을 터뜨린 관객도 적지 않았습니다. 1차 대전은 수많은 사상자가 나온 전쟁임에도 정말 지루한 전쟁이었어요. 그래서 우리의 큰 관심을 못 받았답니다.

하지만 인류가 유사 이래 처음 겪어본 대량 학살전이 1차 대전이었습니다. 그전까지의 전쟁은 '전쟁 매뉴얼'대로 서로 명예를 지키는 선까지 교전을 벌인 후 신사답게 승패를 결정하는 일종의 '규칙 있는 교전'이었지요. 반면 1차 대전은 이전까지 인류가 경험하지 못했던 '눈에 보이는 적을 닥치는 대로 다 죽여버리는' 원칙도 목적도 없는 살육전이었습니다. 당시는 이렇다 할 현대화된 무기도 없어서 양측 모두 참호만 파고, 그 안에 숨어 지루하게 서로 총만 쏘는 일을 4년 동안 한 겁니다. 참호에 숨어 4개월 동안 총만 쏘고 겨우 2킬로미터 전진하고, 또 3개월 숨어서 총만 쏘고 5킬로미터로 전진하고. 이런 식이다 보니 영화로 만들기가 어려웠던 거죠.

결정적으로 1차 대전이 존재감이 없었던 이유는 '뚜렷한 적' '명확한 나쁜 편'이 없었다는 점입니다. 2차 대전만 하더라도 유대인 학살을 하는 '나쁜' 나치 독일, 그 독일을 응징하려는 미국을 비롯한 '착한' 연합군, 이렇게 뚜렷한 선악 구조가 있어서 '착한 편'을 응원할 수가 있었는데 1차 대전은 한마디로 '모두 다 나쁜 놈'이었습니다. 모든 참전국이 다 각자의 이익을 위해 뛰어든 전쟁이었기 때문에 누가 나쁜 놈인지, 누가 착한 놈인지 구별이 안 되는 아수라장이었죠. 영화사 입장에선 망하기 딱 좋은 영화 소재였고요.

정리를 해보자면 1차 대전이 우리의 관심을 받지 못했고 또 영화로도 만들어지지 않았던 이유는 다음과 같습니다. ❶ 4년 동안 지루한 참호전만 했다. ❷ 영상으로 보여줄 만한 대단한 전투가 전혀 등장하지 않았다. ❸ 뚜렷한 나쁜 놈이 없었다.

독일은 왜 괴물 국가가 되었는가?

지루했던 전쟁이라는 평도 있지만 무려 3,000만 명이 목숨을 잃은 1차 대전이 어떻게 발발했는지 기억하시나요? 보통은 '거기 어디야, 사라예보에서 오스트리아-헝가리 제국(이후 오스트리아) 황태자가 총 맞고 죽어서 시작된 전쟁 아니야?'라고 대답할 겁니다. 실제로 세계사 시간에 이렇게 배웠고, 맞는 대답이기도 하죠. 1914년, 사라예보에서 오스트리아 황태자 페르디난트 대공 부부 암살 사건이 1차 대전의 원인을 제공한 건 맞습니다. 하지만 세상의 모든 전쟁은 그렇게 쉽게 일어나지 않아요.

사라예보 사건이 어떻게 1차 대전까지 이어지게 된 건지, 이것부터 알아야 합니다. 그러기 위해서는 우리가 수업 시간에는 배우지 않았던 100년 전 독일의 상황을 먼저 이해해야 하고요. 나치 독일이 그 유명한 2차 대전을 일으켰다는 것은 다들 아실 겁니다. 그런데 사실상 1차 대전도 독일이 일으킨 전쟁입니다. 독일이 어떤 이유에서 '괴물 국가'가 되었는지, 1차 대전이 터질 수밖에 없었던 그 배경부터 보도록 하지요. 자, 이제 타임머신을 타고 오스트리아 황태자 부부가 암살당한 1914년으로부터 약 100년 전의 독일로 날아가 봅시다.

1815년 독일 영토에 도착했습니다. 그런데 독일이 하나의 통일된 나라가 아니네요? 당시 독일은 크고 작은 38개의 국가가 느슨한 연합체로 구성되어 있던 상황이었어요. 구성원들을 살펴보면 나중에 독일 통일을 이끄는 프로이센도 있고, 오스트리아도 있네요. 오스트리아도 독일어를 쓰냐고요? 그렇습니다. 그리고 룩셈부르크, 바이에른, 작센 등등 근방에 독일어를 쓰던 동네들은 다 들어갑니다. 그 연합체를 '독일 연방(Deutsche Bund)'이라고 불렀어요. 말이 연방이지 주변에 독일어 쓰는 나라 다 모여서 우리끼리 뭐라도 좀 해보자는 취지로 모인 '독일어 친목 모임'이었다 해도 과언이 아닐 정도였습니다.

재미있는 것은 이 독일 연방 각각의 회원국은 연방 소속이지만 나름 독립국 노릇도 했다는 사실입니다. 그건 또 무슨 소리냐고요? 각 회원국들은 이 독일 연방의 '중앙 정부' 역할을 했던 '독일 연방 회의'에 대사까지 파견했답니다. 간단히 말해서 대한민국 안에서 전라남도, 경상남도 같은 독립국이 있어서 서울 여의도에 전남대사, 경남대사가 파견되는 상황과 비슷한 것이지요. 그야말로 독일 연방은 지금의 미국처럼 하나로 똘똘 뭉친 합중국도 아니고 이도 저도 아닌 애매한 형태였어요.

그러나 아무리 오합지졸 연합이라고 해도 멤버들 중 힘 좀 쓰는 동네가 당연히 있었겠지요. 그 동네의 '원톱'은 오스트리아였습니다. 당시 객관적인 국력은 오스트리아가 연방 회원국 가운데 가장 선두였기 때문입니다. 그 뒤로 '넘버투' 프로이센이 따라오던 상황이었어요.

그런데 문제는 독일 연방의 실질적 리더였던 오스트리아의 갑질이 너무 심했다는 것입니다. 오스트리아의 갑질 때문에 다른 연방 회원국들은 속이 부글부글 끓어도 참을 수밖에 없었어요. 오스트리아의 상대가 안 돼 대들 수 없었으니까요. 그러다 참고 참던 프로이센이 폭발해서, 오스트리아에 태클을 건 사건이 일어납니다. 바로 '맞담배 사건'입니다.

독일 통일의 아버지 비스마르크 등장

독일 연방 회원국 중에 '넘버투'였던 프로이센의 빌헬름 4세 국왕은 만년 2등이라는 점이 영 마음에 들지 않았어요. 만일 나중에 독일이 하나의 국가로 통일이 되더라도 오스트리아가 아닌 프로이센이 주도하는 통일을 원했던 것이지요. 그런 빌헬름 4세 앞에 한 인물이 등장합니다. 나중에 '프로이센이 주도한 독일 통일'을 이끈 독일 통일의 아버지 오토 비스마르크(Otto von Bismarck)였습니다. 프로이센의 젊은 정치인이었던 비스마르크는 "독일 통일은 반드시 프로이센이 이끌어야 한다, 또한 오스트리아의 행패는 무력으로 혼쭐을 내야 한다!"라는 과격한 발언으로 시선을 끌었어요.

그런 '과격함'이 국왕 빌헬름 4세의 눈에 들어온 거죠. 빌헬름 4세는

독일 통일을 이끌었던 비스마르크

섭정을 거쳐 황제가 된 빌헬름 1세

1851년, '급진 과격파' 비스마르크를 독일 연방 의회에 프로이센 대사로 파견합니다. 연방 의회에 가서 건방진 오스트리아의 콧대를 확 꺾어버리라는 임무를 주면서요. 왕의 특명까지 받은 비스마르크 대사는 연방 의회에서 시도 때도 없이 오스트리아 대사와 말싸움을 하고 기싸움을 벌입니다.

그런 가운데 '위신 투쟁'이라는 사건이 발생합니다. 이른바 '비스마르크 맞담배 사건'이지요. 당시 연방 의회 회의장에선 오직 오스트리아 대사만 담배가 허락됐답니다. 그런데 비스마르크가 어느 날 갑자기 "왜 프로이센 대사는 담배를 피우면 안 되는가?"라고 반박하며 담배를 꺼내 피웠습니다. 게다가 오스트리아 대사에게 가서 불 좀 붙여 달라고 요구까지 했어요.

회의장에는 일순간 경악의 침묵이 흘렀어요. 각국 대사들은 회의장을 나와 본국에 급하게 문의까지 했답니다. '저, 프로이센 대사가 회의장에서 담배를 피우는데 우리나라 대사도 피워도 되나요?'라고 했다나요.

하지만 이렇게 동등권을 요구한 비스마르크의 돌발 행동은 오스트리아를 격분시켰어요. 오스트리아는 프로이센에 강력히 경고했습니다. 건방지게 넘버원을 넘보는 프로이센에게 오스트리아가 군사적 행동 가능성까지 보이자 빌헬름 4세는 결국 꼬리를 내려요. 빌헬름 4세는 1859년 비스마르크를 대사직에서 해고시킵니다.

　일단 꼬리를 내린 프로이센은 장기전에 들어갑니다. 군사력은 곧 경제력이라는 생각으로 경제력 증강에 힘을 쏟아요. 그러던 중 1861년 국왕 빌헬름 4세가 사망합니다. 그리고 그 뒤를 이어 빌헬름 4세의 동생인 빌헬름 1세(Wilhelm I)가 즉위합니다.

　프로이센의 새로운 왕 빌헬름 1세는 비스마르크와 똑같이 강대국 프로이센을 꿈꿨던 왕이었답니다. 그 첫 번째 미션은 바로 강력한 군대를 만드는 것이었어요. 그런데 군대를 만들려면 돈이 필요하잖아요. 그 돈은 곧 세금이고요. 국민들, 즉 유권자들의 눈치를 보던 프로이센 의회 의원들이 왕의 움직임에 제동을 겁니다. '군대에 돈을 쓰려면 세금이 아니라 당신 돈을 쓰란 말이오!'라고 딴죽을 걸면서요. 고민하던 빌헬름 1세는 이 위기를 해결해줄 인물을 기억해냅니다. 바로 독일 연방 의회에서 당당히 맞담배 사건을 일으키고 장렬히 해고당했던 비스마르크였죠. 그의 '깡'과 '배짱'이면 말 안 듣는 의회의 기를 꺾을 수 있을 것이라 여겼던 겁니다.

프로이센, 오스트리아를 꺾다

　반 백수로 놀고 있던 비스마르크는 새로운 국왕으로부터 '콜'을 받았어요. 아마 비스마르크도 '그래, 돌아가서 대사 역할이나 마저 해야지' 정도로 생각했을 겁니다. 그런데 빌헬름 1세는 비스마르크를 프로이센 왕국의 수상으로 임명합니다. 비스마르크는 수상직을 수락하면서 국왕에게 이런 말을 합니다. "독일이 통일을 이루려면 다른 국가들을 힘으로 눌러야 합니다. 그 일을 제가 하겠습니다"라고요.

강력한 프로이센 건설을 원하는 국왕의 의중을 파악한 비스마르크는 1862년 9월 프로이센 의회에서 그 유명한 연설을 합니다. "프로이센은 자유주의, 민주주의가 아닌 무력을 더 중요시해야 한다. 의회의 다수결 따위는 중요하지 않다. 독일의 통일은 철과 피를 통해서만 이룩할 수 있다"라는 연설이었습니다. 여기서 철은 군대를 말하고 피는 군사의 희생을 일컫습니다. 이후 프로이센 국민들은 비스마르크를 '철혈재상'이라고 부르기 시작했답니다.

이러한 프로이센의 움직임을 오스트리아가 가만히 보고만 있지 않겠지요. 1866년 6월 14일, 오스트리아는 드디어 프로이센에게 선전포고를 하고 전쟁을 개시했어요. '프로이센-오스트리아 전쟁'의 시작이었습니다. 지금까지 수면 아래서 부글부글 끓기만 했던 두 나라 간의 알력 다툼이 결국 전쟁으로 번졌습니다. 오스트리아도 처음엔 승리할 거라며 자신만만했습니다. 프로이센 정도는 며칠 내에 박살 낼 수 있을 거로 생각했던 거죠.

그러나 전쟁이 진행되면서 오스트리아는 서서히 프로이센에 밀리기 시작했어요. 비스마르크의 철혈정책으로 근대화된 프로이센군을 오스트리아가 간과했던 거죠. 더 이상 프로이센은 '담뱃불 붙여주던 넘버 투'가 아니었던 겁니다. 이제 프로이센에게 참패당할 일만 남아 있던

프로이센 - 오스트리아 전쟁 중 쾨니히그레츠 전투(1866년)

상황이었는데, 어라? 비스마르크가 갑자기 진군을 멈춥니다. 그리고 8월 23일, 오스트리아와 평화협정을 맺어요. 비스마르크의 신의 한 수였습니다.

원래 계획은 오스트리아로 진군해 참패를 시킨 후 프로이센의 영토로 합병할 생각이었지만, 비스마르크는 곰곰이 생각했어요. '지금 오스트리아를 차지하는 것보다 프로이센 밑에 있는 동맹국으로 놔두면 프랑스, 러시아를 정벌하러 나갈 때 든든한 지원국이 되지 않을까. 그리고 지금 집안싸움을 계속하면 경쟁국인 프랑스와 러시아만 좋은 일이지'라고 말이지요. 그래서 오스트리아 합병을 취소하고 독립국으로 '살려'줍니다. 그때 오스트리아는 비로소 알게 되었어요. 이제 이 동네의 새로운 넘버원이 누구인지 말이죠. 당연히 프로이센이었습니다. 그리고 프로이센 국민들도 비스마르크의 철혈정책이 효과가 있다는 걸 알게 됐습니다.

프로이센, 프랑스를 굴복시키고
통일 독일 선포하다

프로이센과 오스트리아가 서로 치고받고 전쟁을 벌이고 있을 때 옆에서 이 전쟁을 지켜보던 나라가 있었어요. 독일의 바로 서쪽에 국경을 맞대고 있는 프랑스였습니다. 프랑스는 이 전쟁이 장기전이 될 거라 보고 보급품도 팔고, 무기도 팔고, 또 누가 지든 진 쪽의 땅도 좀 차지할 생각이었어요. 그런데 웬걸. 비스마르크가 진군을 갑자기 중단하면서 전쟁이 두 달도 안 돼서 끝나버렸네요. 프랑스는 아쉬웠지만 어쩔 수 없었지요. 그런데 갑자기 사건이 하나 발생했습니다. 1868년 스페인에서 반란이 일어나 당시 스페인 왕이었던 이사벨 2세 여왕이 옆 나라 프랑스로 도망간 겁니다.

왕의 도망에 스페인은 프로이센 빌헬름 1세의 사촌 형이었던 '레오폴트(Leopold) 왕자'에게 스페인 왕위를 제안했어요. 여기서 스페인 왕 자리에 프로이센 왕자를 앉히는 게 의아할 수 있을 겁니다. 당시 유럽 왕국들은 서로 친인척인 경우가 많고 뒤죽박죽 얽히고설킨 관계여서 가능했답니다. 유럽 왕실 족보는 상당히 복잡했어요. 하여간 스페인 왕 자리 스카우트 제안에 대해 프로이센의 빌헬름 1세가 반대해요. '아무리 그래도 그렇지 폭도들이 쫓아낸 왕 자리에 우리 형을 보내 왕 자리를 후루룩 날로 먹는 건 옳지 않다'라는 이유에서였습니다.

그런데 문제는 프랑스였습니다. 어디 감히 족보에도 없던 프로이센이란 놈이 갑자기 튀어나와 고귀하신 프랑스와 스페인 문제에 기웃거린다고 분노한 것입니다. 프랑스의 국왕이었던 나폴레옹 3세(우리가 알고 있는 쿠데타 황제이자 양주병 모델 나폴레옹 1세 동생의 아들)가 프로이센의 빌헬름 1세에게 공식적으로 항의했어요. 다시는 이런 일이 없도록 문서로 약속하라고 말이죠. 당시 프로이센에 머무르고 있던 프랑스 대사가 직접 자신을 찾아와 이런 요구를 하자 빌헬름 1세는 기분이 상했습니다. 프랑스 측이 여전히 거만한 태도로 나오자 빌헬름 1세도 생각을 바꿨어요. '그런 말도 안 되는 문서에 서명할 수 없다'라고 격한 반응을 보인 후 프랑스 대사를 빈손으로 돌려보냅니다. 이 상황은 바로 비스마르크에 보고되었고, 그는 이번 일을 잘 활용하면 프랑스와 전쟁을 일으킬 좋은 구실이 되겠다고 생각했습니다. 그리고 바로 실행에 옮깁니다.

비스마르크는 이 일을 이렇게 과장해서 표현했어요. '프랑스 대사가 휴가 중이던 프로이센 국왕에게 다짜고짜 들이닥쳐서 무리한 요구를 했다. 그리고 프로이센 국왕은 격분해서 프랑스 대사를 쫓아냈다'고요. 이 스토리를 영국 신문사에게 몰래 흘렸어요. 프로이센의 신문을 통해 이런 내용이 보도되면 객관성이 떨어질 거라는 판단으로 제3국의 언론을 이용한 겁니다. 이 소식이 프랑스에 알려지자 프랑스 국민들은 격분했습니다. 프랑스 여론은 '우리 대프랑스 대사를 쫓아냈다고? 건방진 프로이센을 이번 기회에 아주 끝장내자' 하는 분위기로 치달았어요. 그도 그럴 것이 당시 프랑스는 유럽의 최강대국 중 하나이고 프로이센은 38개로 쪼개진 독일 땅의 그저 그런 나라 중 하나라는 인식이 강했거든요. 그래서 프랑스의 국왕 나폴레옹 3세도 어쩔 수 없이 국내 여론을 따랐죠. 1870년

1870년 8월, 프로이센 - 프랑스 전쟁 중 프랑스 군대가 밀리고 있다

7월 19일, 프랑스가 프로이센에 선전포고하며 프랑스 대 프로이센 전쟁이 시작됐습니다.

프랑스는 국내 여론에 등 떠밀려 얼떨결에 전쟁을 시작한 반면, 프로이센은 이미 비스마르크의 철저한 준비로 전쟁 태세가 완료된 상태였습니다. 프로이센군은 4년 전 오스트리아와의 전쟁 때 실전 경험을 쌓은 백전노장들이었지요. 게다가 비스마르크는 노련한 외교술까지 펼쳤습니다. "초강대국 프랑스가 약소국 프로이센을 공격하네요! 이런 부도덕한 전쟁이 어디 있습니까"라고 국제 사회에 읍소한 것입니다. 맞는 말이었지요. 그래서 영국, 러시아 등도 섣불리 전쟁에 간섭할 수 없었습니다.

결국 전쟁은 2개월도 채 안 되어서 프랑스의 완패로 끝났어요. 특히 프랑스 국왕 나폴레옹 3세는 1870년 9월 1일 프로이센군에 포로로 잡히는 수모까지 겪었습니다. 이어 9월 19일엔 프랑스 파리까지 프로이센군에게 함락당했어요. 당시 프로이센군은 파리를 완전 봉쇄해서 보급을 모두 끊어버리는 고사(姑死) 작전을 펼쳤습니다. 먹을 게 없었던 파리 시민들은 동물원의 동물은 물론 심지어 쥐까지 잡아먹는 지경에 이르렀지요. 파리를 사수하던 프랑스군은 결국 프로이센에 백기를 들고 맙니다.

당시 유럽 초강대국 프랑스의 수도까지 점령한 프로이센이 마침내 독일 연방의 넘버원에서 유럽의 넘버원으로 등극한 순간이었어요. 그리고 프랑스는 역사상 최악의 굴욕을 맛보게 되었습니다. 파리를 점령한 프로이센의 빌헬름 1세와 비스마르크는 전쟁 다음 해인 1871년, 프랑스 베르사유 왕궁, 그것도 가장 화려한 거울의 방에서 독일 통일을 선언한 것입니다. 예를 들자면, 러시아가 미국을 침공해 승리한 후 백악관 미국 대통령 집무실에서 승리 선언과 대러시아 제국 탄생을 선언한 것과 같은 맥락이라고 볼 수 있죠. 자존심 센 프랑스인들에게는 역대 최악의 치욕

포로로 잡힌 나폴레옹 3세(왼쪽)와 비스마르크(오른쪽)가 대화 중이다

1871년 1월 18일, 베르사유 궁전에서 진행된 독일 제국 선포식

으로 남게 됩니다. 프랑스 왕궁에서 독일 제국 황제의 자리에 오르고 통일을 선언한 빌헬름 1세와 비스마르크. 이제 빌헬름 1세는 프로이센의 국왕이 아닌 통일 독일의 황제에, 비스마르크는 통일 독일의 수상 자리에 오르게 됩니다. 그런데 이 독일 통일이 앞으로 유럽사에 어마어마한 후폭풍을 불러올 줄은 당시에는 아무도 상상 못했습니다.

외교의 달인, 비스마르크

유럽 대륙의 최강대국 프랑스를 굴복시키고 독일 통일을 달성한 철혈재상 비스마르크. 막강해보이는 그에게도 걱정이 하나 있었어요. 바로 프랑스가 다시 힘을 키워 독일에게 보복할 수 있다는 점이었죠. 그때부터 비스마르크는 '철저한 프랑스 고립 작전'에 들어갔어요. 독일의 위치를 보면, 왼쪽에는 프랑스가 있고, 오른쪽엔 러시아가 있지요. 독일 입장에서 최악의 시나리오는 프랑스와 러시아, 두 나라와 동시에 싸우는 경우였어요. 양쪽에서 동시에 공격해 들어오면 독일은 중간에 샌드위치가 되어 속수무책이 되지요. 그래서 비스마르크는 일단 러시아와 동맹을 맺습니다. 그러고도 마음이 안 놓였는지 아래쪽에 있던 오스트리아와도 동맹을 맺어요. 이것이 1872년 세 나라가 맺은 '삼제동맹'입니다. '세 나라의 황제들이 사인한 동맹'이기 때문에 그런 이름이 붙은 것이죠. 뒤가 든든해진 독일은 이제 마음을 놓을 수 있었을까요? 또 프랑스를 고립시킬 수 있었을까요?

여기에는 변수가 있었습니다. 영국이 바다 건너 유럽 대륙 일에 신경 안 쓴다는 조건이었죠. 비스마르크는 곰곰이 생각해봤어요. 영국의 관심을 끊을 방법이 무엇일까 하고요. 그때! 비스마르크는 절묘한 방법을 생각해냅니다. 그 당시 영국은 바빴어요. 뭐 하느라 바빴냐고요? 막강한 해군 군사력을 바탕으로 해외 식민지를 건설하느라요. 뒤에 중국사에서 다루겠지만 영국은 이미 아편전쟁으로 청나라를 아수라장으로 만들고, 1842년에 난징조약을 체결한 후 홍콩을 집어삼킨 상태였어요. 홍콩뿐 아니라 인도 등에 식민지를 건설하느라 정신없었죠.

이미 강대국으로 커버린 통일 독일도 마음만 먹으면 바로 해외 식민지 건설에 나설 수 있었던 상황이었습니다. 그런데 비스마르크는 머리를 씁니다. "영국이여, 우리 독일은 해외 식민지 건설 같은 건 안 할 테니까 영국 마음대로 오대양 육대주를 휩쓸고 다니시오. 단 유럽 대륙의 일은 우리 독일이 주도할 테니까 유럽 대륙에선 관심 끄시오"라는 전략이었지요. 당시 아시아 등지에서 영국과 프랑스 식민지는 수두룩했지만 의외로 독일 식민지가 없었던 이유가 바로 이 때문이었답니다. 영국도 독일의 이런 움직임에 동의했어요. 왜냐? 영국도 당시 이른바 '명예로운 고립 정책(Splendid Isolation)'을 추진하고 있었거든요. 한마디로 영국은 유럽에 신경 안 쓰고 스스로 명예로운 고립을 선택하겠다는 의도였어요.

그러나 '우리 독일은 해외 식민지에 관심 없어'라는 비스마르크의 정책에 대해 슬슬 불만의 목소리가 나오기 시작했어요. 다른 곳도 아니고 독일 내부에서였습니다. 통일 이후 빠르게 성장하는 독일의 국력을 보고 자란 젊은 세대가 의문을 갖기 시작했죠. '이렇게나 힘이 세졌는데 왜 러시아, 영국 눈치를 봐야 하나. 그리고 왜 식민지 건설은 하지 않는 건가?'라는 식의 토로가 이어졌습니다. 이 모든 화살은 모든 정책을 추진하던 비스마르크에게 향했습니다.

팽당하는
비스마르크

그런 와중에 1888년이 되어 비스마르크 입장에선 충격적인 일이 발생합니다. 비스마르크의 정책을 전폭적으로 지원해줬던 독일 황제 빌헬름 1세의 사망입니다. 그리고 빌헬름 2세가 즉위합니다. 그런데 이 빌헬름 2세가 앞으로 유럽의 역사를 확 뒤집어놓고 맙니다. 비스마르크의 모든 정책의 발목을 잡아요. 외교로 유럽을 안정시키고 식민지 건설을 멀리한 비스마르크와는 달리, 젊고 혈기왕성한 새 황제 빌헬름 2세는 독일의 힘에 걸맞게 적극적으로 해외 진출도 하고 식민지도 건설해서 대영제국과 맞짱 뜨는 대독일제국을 만들고 싶어했어요.

빌헬름 2세가 즉각적으로 실시한 정책은 독일 해군력의 증강이었답니다. 바다 건너 영국 입장에서는 '이것들 봐라. 대륙 안에만 머문다고 해놓고 해군력을 키워? 우리 영국이랑 한번 해보자는 거네?' 이런 생각을 당연히 했을 테고, 비스마르크는 빌헬름 2세를 계속 말립니다. 두 사람은 계속 충돌했어요. 그런 가운데 여론도 점점 비스마르크에 불리하게 흘러갔습니다. '우리가 뭐가 부족해서 외국 눈치를 봐! 이건 다 노쇠한 비스마르크 때문이야! 젊고 혈기 넘치는 새 황제에게 힘을 실어줘야 해!' 여론은 이

1차대전을 일으킨 독일황제
빌헬름 2세

런 방향으로 흘러갔습니다.

결국 인사권자인 빌헬름 2세는 비스마르크를 1890년 전격 해고해버립니다! 이 비스마르크의 해고는 앞으로 유럽사에서 어마어마하게 큰 의미를 가지게 됩니다. 일단 빌헬름 2세는 청개구리가 말 안 듣듯이 비스마르크가 추진했던 정책들을 다 180도 뒤집어놓습니다. 결국 비스마르크가 겨우겨우 유지해놓았던 유럽의 균형이 와장창 깨지게 돼요. 그런 상황에서 비스마르크라는 브레이크가 사라진 후 앞뒤 안 가리고 무섭게 독일을 팽창시키기 시작한 빌헬름 2세는 결국 1차 대전이라는 엄청난 아수라장을 일으키고 만답니다.

스스로 무덤을
파기 시작하는 독일

눈엣가시였던 비스마르크를 해고해버린 젊은 황제 빌헬름 2세. 그다음에 취한 조치는 러시아와의 관계 단절이었어요. 비스마르크가 프랑스를 고립시키기 위해 러시아와 손을 잡았던 일 기억하시나요? 다시 한번 말하지만 독일 입장에서 최악의 시나리오는 독일 좌우에서 프랑스와 러시아가 동시에 독일을 샌드위치 공격하는 것이에요. 그래서 비스마르크가 러시아와 그토록 손을 잡으려고 애를 쓴 것이고요. 그런데 이 젊은 새 황제 빌헬름 2세는 '아니, 우리가 왜 러시아 눈치를 봐야 해?' 하면서 러시아와의 관계를 끊습니다. 러시아는 기분 나빴겠지요. '우리를 뭘로 보고 자기들 마음대로 손을 잡았다가 뿌리치고 난리야'라고 생각했을 테고요.

그래서 독일 한번 혼나보라는 심정으로 프랑스와 손잡습니다. 독일 양쪽에서 협공으로 압박을 하려는 의도였지요. 비스마르크가 우려했던 최악의 시나리오가 현실이 된 것이죠. 이것이 1892년 '러불동맹'입니다. 가뜩이나 독일에 복수할 기회만 노리고 있던 프랑스도 러시아에게 큰 선물을 하나 합니다. 시베리아 철도 건설하시라고 프랑스가 러시아에게 자본과 기술을 제공하면서 독일을 궁지에 몰아넣습니다. 비스마르크가 그렇게 공들였던 유럽의 균형이 와르르 무너지는 순간이었습니다.

빌헬름 2세는 거기서 멈추지 않았어요. 한창 식민지 건설에 열을 올리고 있던 영국과 프랑스를 따라잡을 수 있는 방법은 해군력뿐이라 생각하고 해군력 강화에 박차를 가했습니다. 1890년부터 1904년까지 독일 해군은 전함 19척, 장갑순양함 8척, 대형순양함 12척 등을 마련하며 급속도로 해군력을 키워요.

이런 조치에 누가 열 받았을까요? 앞서 언급한 것처럼 영국이었어요. 비스마르크와 암묵적 합의를 해놓았다고 설명했었죠. 독일은 유럽 대륙의 패권을 쥐는 대신 영국과 맞짱을 뜰 해군력은 포기하겠다, 즉 독일은 해외 식민지 건설은 포기하겠다고 영국과 약속했잖아요. 어라? 이 젊은 황제 빌헬름 2세가 그 약속을 확 뒤집은 것입니다.

영국은 일단 독일에 특사를 파견해서 '해군력 강화 경쟁'을 그만두자고 제안했어요. 그러자 빌헬름 2세는 영국이 꼬리를 내렸다, 조금만 더 밀어붙이면 영국을 넘을 수 있다고 여기며 해군력 강화를 멈추지 않습니다. 심지어 빌헬름 2세는 당시 영국 국왕이었던 에드워드 7세를 '사탄'이라고 욕하기까지 하고요. 영국도 가만있지 않았어요. '독일을 골탕 먹일 좋은 방법이 없을까' 생각을 하다 독일

영불협상 100주년을 기념하여 제작된 기념엽서

의 앙숙이었던 프랑스와 동맹을 맺게 됩니다.

1904년 영국과 프랑스가 공동의 적이었던 독일에 대항하기 위해 손을 잡았는데 그 협정을 '영불협상(Entente Cordiale)'이라고 불러요. 이것은 상당히 중요한 협정이었는데 그 이유는 영국과 프랑스 동맹이 그대로 1914년 발발하는 1차 대전까지 이어져서 그 악명 높은 '영불 대 독일'이라는 서부전선(The Western Front)이 만들어지기 때문이지요. 지금도 영국과 프랑스를 잇는 해저 터널을 지나는 열차인 유로스타의 런던과 파리 양 종착역에 가보면 양국 국기와 함께 'Entente Cordiale'이라는 문구가 새겨져 있답니다.

중국 칭다오에
독일 맥주 공장이 생긴 이유

그러면 독일은 해외 식민지 건설에 성공했냐고요? 빌헬름 2세가 세계지도를 펼쳐놓고 영국과 프랑스가 손을 뻗치지 않은 곳을 찾아봤

지만, 별로 없었어요. 빌헬름 2세가 절망하던 바로 그때, 그의 눈에 들어온 지역이 있었습니다. 그곳이 바로 중국 산둥반도 칭다오(청도) 주변이었어요.

잠깐 당시의 조선, 일본, 중국의 상황을 짚어보겠습니다. (자세한 내용은 뒤의 중국 근대사 편에서 설명합니다.) 아시다시피 1894년 일본과 청나라는 조선을 놓고 기 싸움을 하다 우리 조선 땅에서 '청일전쟁'을 일으켰어요. 결과는 청나라의 완벽한 패배였죠. 패전국인 청나라는 1895년 4월 17일 전승국인 일본 땅 시모노세키에서 '시모노세키조약'에 굴욕적인 도장을 찍습니다. 조약 내용엔 여러 가지가 있었지만 중국이 랴오둥반도(요동반도)를 일본에 넘겨준다는 내용도 있었어요. 랴오둥반도는 당시 만주 지역에 있었는데, 이걸 조용히 눈여겨보던 유럽 국가가 바로 러시아, 프랑스, 그리고 독일이었습니다.

시베리아 철도 건설을 통해 만주 지역을 차지하려는 야심을 가졌던 러시아, 중국에서 영향력을 넓히려던 프랑스, 새로운 식민지 건설에 나선 독일, 이 세 나라 모두 일본의 만주 진출이 마음에 안 들었던 거죠. 그래서 일본에 압력을 가해요. 꿀꺽 삼킨 랴오둥반도를 다시 토해내라고요. 이것을 '삼국간섭'이라고 불러요. 일본은 자존심 상하고 화가 났지만 유럽 강대국들과 3대 1로 싸울 자신이 없어서 결국 반도를 다시 중국에 돌려줍니다. 정산을 앞두고 독일, 러시아, 프랑스 세 나라는 중국에게 "우리가 힘써서 랴오둥반도를 찾았으니 우리 몫이 있겠지?"라는 식의 압력을 넣었습니다.

그리하여 러시아는 만주 지역에 철도를 놓을 수 있는 권한을 얻었고,

프랑스는 홍콩 옆에 있는 광저우만을 차지했어요. 그럼 독일은? 산둥반도의 칭다오 지역을 99년 동안 조차(남의 나라 땅을 무상으로 차지하는 행위)하는 권리를 얻었습니다. 독일인들이 그 이후 칭다오에 많이 건너가 거주하게 되었어요. 독일인들은 맥주를 좋아했기 때문에 칭다오에 맥주 공장을 건설하게 되었고요. 맥주 맛이 좋다고 하는 칭다오 맥주의 시작은 이러했습니다. 앞으로는 칭다오 맥주를 마실 때 빌헬름 2세가 떠오를지도 모르겠네요.

영국, 프랑스, 러시아 vs 독일, 오스트리아 1차 대전의 서막

이제 1차 대전의 청군, 백군, 두 패거리가 슬슬 만들어지기 시작했어요. 그 전에 일본이 잠깐 등장합니다. 1902년 '영일동맹'이라는 명칭 아래 갑자기 영국과 일본이 손을 잡습니다. 원인을 제공한 건 러시아였어요. 러시아가 시베리아를 넘어와서 만주, 조선 등 동아시아를 넘보는 걸 일본이 두고 볼 수 없었어요. 일본은 동아시아를 자신들의 영역으로 여기는데 러시아가 기웃거리자 반발했고, 영국도 중국을 이미 영국의 식민지라고 여기던 상황에서 러시아가 자꾸 넘보니까 꼴 보기 싫었던 거죠.

그래서 두 나라가 손을 잡고 러시아를 막기로 한 것이 '영일동맹(Anglo-Japanese Alliance)'입니다. 그런데 결국 2년 뒤인 1904년 러시아와 일본이 한판 붙는 러일전쟁(1904-1905)이 터지죠.

다시 유럽을 들여다봅시다. 상황이 조금 애매해졌어요. 빌헬름 2세가 러시아를 '손절'한 이후 러시아는 보란 듯이 프랑스와 손을 잡았고 그렇게 두 나라가 짝꿍이 되고, 일본과 영국

1902년 제작된 영일동맹 기념엽서

이 짝꿍이 된 거였죠. 그런데 러시아와 일본이 싸움을 하면 프랑스와 영국이 서로 애매한 상황이 되지 않겠어요? 결혼하고 보니 남편은 롯데자이언츠 팬, 부인은 기아타이거즈 팬이었던 거죠. 이런 상황에서 부부싸움을 피하려면? 롯데든 기아든 누가 이기든 신경 안 쓰고 서로를 더 사랑하고 안아줘야 하겠죠. 영국과 프랑스도 똑같은 일을 했어요. 동아시아에서 '각각의 짝꿍'인 러시아와 일본이 싸우고 있지만, 영국과 프랑스는 그 결과에 신경 안 쓰고 더욱 긴밀한 관계를 유지한다는 약속을 했어요. 가뜩이나 이전에 빌헬름 2세의 해군력 팽창에 맞서 손을 잡았던 두 나라의 관계는 더욱 돈독해집니다.

내친김에 영국과 프랑스 양국 동맹에 러시아까지 참여했습니다. 멋모르고 점점 세력을 키우던 빌헬름 2세의 독일을 견제하기 위함이었죠. 세 나라는 1907년 아예 '삼국협상(Triple Entente)'이라는 동맹을 맺어요. 자, 이제 유럽은 크게 두 패거리로 나뉘게 되었습니다. 영국, 프랑스, 러시아의 한패, 그리고 독일과 오스트리아 한패로 라이벌전을 벌이게 되죠. 이 라이벌전이 중요한 점은 이 구도가 그대로 1차 대전으로 이어지기 때문입니다.

유럽의 화약고 발칸반도,
드디어 폭발하다

이러한 대립은 결국 폭발해요. 바로 그 유명한 발칸반도에서요. 유럽의 화약고란 별명의 발칸반도 말입니다. 누군가는 전투기용 기관총인 벌컨포와 이름이 같아서 전쟁이 많이 벌어진다고 생각할 수 있겠지만, 벌컨포는 로마 신화에 나오는 불의 신 이름 'Vulcan'에서 왔고 유럽의 발칸반도는 'Balkan'입니다. 발음이 비슷할 뿐 전혀 다르니까 헷갈리지 마시길 바랍니다. 하여간 발칸반도의 위치를 아는 게 중요합니다. 발칸반도 지도를 보면, 반도치고는 꽤 뚱뚱한 형태입니다. 우리가 아는 그리스, 축구 잘하는 크로아티아 등도 포함되어 있고요. 바로 여기서 1차 대전이 시작됩니다.

발칸반도의 민족 구성은 상당히 복잡합니다. 유럽의 기독교 문명과 서아시아의 이슬람 문명이 충돌하는 길목에 있어서이기도 하고, 전쟁도 잦아 주인도 여러 번 바뀌었기 때문입니다. 우리가 1차 대전을 이해하기 위해서는 발칸반도의 여러 민족 가운데서도 한 민족을 알아야 합니다. 바로 '세르비아계 민족'입니다. 그리고 딱 두 나라만 집중해서 보면 됩니다. 서로 딱 붙어 있는 나라인 보스니아 헤르체고비나(이후 보스니아)와 세르비아죠.

보스니아는 1878년부터 오스트리아의 식민지 상태였어요. 그리고 바로 옆 세르비아는 독립을 유지하고 있었습니다. 세르비아는 나라 이름을

보면 알 수 있듯이 국민 대부분이 세르비아계 민족이었어요. 그리고 보스니아는 당시 국민의 약 50% 이상이 세르비아계였습니다. 그러면 세르비아는 보스니아에 살고 있던 세르비아계 주민들에게 뭘 요구했겠습니까? '왜 남의 나라에 살고 있어? 심지어 이제는 오스트리아 식민지잖아. 당신들도 세르비아계니까 그냥 독립해서 우리와 합쳐서 잘 살아봅시다!' 라고 했겠지요. 이런 복잡한 상황 가운데 오스트리아의 황태자, 그러니까 다음 황제가 될 사람이었던 페르디난트 대공이 자기 나라 오스트리아의 식민지였던 보스니아를 둘러보고 오기로 했어요. 자기네 나라 식민지였는데 '이 땅의 주인은 나다! 우리 오스트리아다!' 하며 보스니아 국민에게 보여주려고 했겠지요.

페르디난트 대공 부부가 보스니아의 수도 사라예보에 도착한 후 1914년 6월 28일 보스니아 지도부 주최 환영 만찬을 가졌어요. 만찬을

이탈리아 주간지에 실린 사라예보 사건 삽화

마치고 다음 장소로 이동하려고 마차에 황태자 부부가 올라탄 순간, 갑자기 "세르비아 독립 만세!"라는 외침과 함께 총격 소리가 들립니다. 그렇게 황태자 부부는 백주에 암살당합니다.

총을 쏜 범인은 보스니아 국적의 세르비아계 대학생 가브릴로 프린치프(Gavrilo Princip)라는 청년이었어요. 그 청년의 바람은 보스니아의 세르비아계 국민들이 세르비아와 합치는 것이었어요. 오스트리아가 보스니아를 식민지로 삼지만 않았어도 세르비아계 주민들은 옆 나라이자 고향인 세르비아로 넘어가 잘 살 수 있었을 텐데 원수 오스트리아가 망쳤다고 여겼고, 황태자가 보스니아로 온다고 하니 가만 놔둘 수 없었던 것입니다. 황태자 부부가 저격을 당한 그 순간까지도 유럽 각국은 전혀 몰랐습니다. 이 총격 사건 하나가 유럽을 대학살의 현장으로 몰아넣는 인류 역사상 첫 번째 세계대전을 일으키게 될 줄은요.

발칸반도가
1차 대전의 도화선?

황태자 부부가 암살을 당한 이후 오스트리아는 당연히 격분했습니다. 그런데 분노의 화살이 조금 엉뚱한 방향을 향했어요. 황태자 부부를 쏜 가브릴로는 물론 세르비아계였지만 국적은 엄연한 보스니아 국적이었잖아요. 사건이 일어난 곳도 보스니아의 수도인 사라예보였고요. 그렇다면 원칙적으로는 이번 사건 책임은 보스니아 정부에 물어야 하는데 오스트리아는 엉뚱하게도 옆 나라 세르비아한테 시비를 걸었습니다. '천인공노할 세르비아! 무릎을 꿇고 빌어라!'라고 격분하면서 말이죠. 세르비아로서는 조금 황당했어요. 당연하죠. 저격범은 옆 나라 국적이었고, 사건도 옆 나라에서 일어난 일이었으니까요. 오스트리아가 왜 이런 엉뚱한 짓을 벌였는지는 그 배경과 이유가 있습니다. 러시아를 견제하기 위해서였어요. 또 러시아 얘기입니다만, 제가 최대한 쉽고 간략하게 설명하겠습니다.

일단 세르비아계 민족은 슬라브계입니다. 슬라브 민족의 대부는 러시아지요. 발칸반도 지도를 보면 흑해(Black Sea) 그리고 지중해(Mediterranean Sea)가 붙어 있습니다. 러시아가 흑해를 통해 지중해로 들어가기 위해서는 '반드시' 발칸반도를 통

오스트리아 황태자 부부를 저격한
가브릴로 프린치프

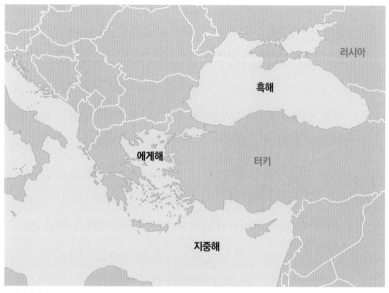

러시아가 대양으로 나가기 위해서는 흑해-에게해-지중해를 통과해야 한다

과해야 하기 때문에 당연히 손아귀에 넣고 싶었겠죠. 그런데 이런 행운이 있을까요? 발칸반도의 세르비아가 마침 슬라브계 국가인 데다 그 옆의 보스니아는 국민 반 이상이 슬라브계라니! 러시아는 세르비아에 눈독을 들이기 시작했습니다. 오스트리아는 이런 러시아의 움직임이 정말 마음에 안 들었어요.

결론을 말하자면 오스트리아에게 황태자 암살 사건은 정말 가슴 아픈 일이었지만, 그 일을 명분 삼아 러시아의 발칸반도 진출을 막기 위해 엉뚱하게도 세르비아를 걸고넘어진 것입니다. 오스트리아는 뭘 믿고 북극곰 러시아에게 대항했던 걸까요? 당시 러시아의 처지를 되짚어보자면, 극동의 일개 아시아 국가였던 일본과의 전쟁인 러일전쟁(1904-1905)에서 참패를 당해 자존심은 물론 국방력까지 박살 난 상황이었어요. 오스트리아는 이런 점을 간파하고 러시아를 얕잡아본 것이죠. 게다가 믿는 구석이 있었습니다. 세르비아 뒤에 러시아가 있다면 오스트리아 뒤엔 '든든한 형님' 독일이 있었던 거죠.

오스트리아는 독일 황제 빌헬름 2세에게 SOS를 보냈어요. 일단 빌헬름 2세는 '독오 동맹' 협정에 따라 오스트리아를 지원해주겠다고 약속했습니다. 당시 독일 정부의 관료들은 빌헬름 2세를 뜯어말렸어요. 괜히 발칸반도의 조그만 나라 분쟁에 관여했다가 더 큰 손해만 볼 테니까요. 하지만 여론에 정말 민감했던 빌헬름 2세는 "같은 게르만 민족의 형제 국가 오스트리아가 힘들다고 하는데 형님 국가인 독일이 모르는 체하면 여론이 날 뭐라고 비웃겠나?" 큰소리치며 동생 국가에게 전격 지원을 약속합니다.

물론 당시 빌헬름 2세도 세르비아, 러시아를 상대로 한 전면전은 꿈에도 생각 못 했어요. 독일이 병력을 어느 정도 파견해줘서 무력시위만 조금 하면 세르비아, 러시아가 물러설 것이라 생각했습니다. 어쨌든 그래서 발칸반도에서의 분위기가 슬슬 '게르만 민족(독일, 오스트리아)과 슬라브 민족(세르비아, 러시아)'의 대결로 흐르게 되었지요. 여기서 오스트리아는 오판을 합니다. 등 뒤의 든든한 '빽'인 독일을 믿고 이번 기회에 세르비아와 러시아의 콧대를 확 꺾기로 마음먹은 것입니다.

독일이라는 빽이 있었던
오스트리아, 오판하다

그 오판이 무엇이었냐 하면, 독일을 뒤에 둔 오스트리아가 1914년 7월 23일, 세르비아가 도저히 받아들일 수 없는 총 10개 항목의 최후통첩을 보낸 것이었습니다. 그것도 48시간 내에 답을 내놓으라는 협박과 함께요. 요구 조항 중 '세르비아 국내의 반오스트리아 조직 해산' 등 실현 가능한 조항도 있었습니다. 하지만 오스트리아 사법당국 관계자가 세르비아로 넘어와 직접 사건을 조사하게 하고, 재판 과정에도 참여하게 허용하라는 등의 조항은 세르비아 입장(국가 자존심상)에서는 받아들일 수 없는 요구였습니다. 사법 주권을 포기하라는 말과 다름없었기 때문이죠.

사실 오스트리아는 고의로 이런 무리한 요구를 한 것이었습니다. 세르비아가 요구를 거부하면 그것을 구실로 독일과 손잡고 군사를 동원해서 무력시위를 하려던 것이었지요. 그 증거가 있어요. 오스트리아는 7월 23일에 최후통첩을 보내기로 결정합니다. 하지만 그날 저녁 6시, 관공서가 문 닫기 직전에 전달했답니다. 말이 48시간이지, 이미 하루는 그냥 지나간 거죠.

세르비아는 오스트리아의 요구를 받아들일 수 없었어요. 국가의 존망이 걸려 있는 문제를 몇 시간 안에 결정하라고 하는데 누가 지킬 수 있을까요. 오스트리아는 기다렸다는 듯 며칠 뒤인 7월 28일, 세르비아에 선전포고를 하고 전쟁 개시를 선언합니다. 러시아도 알고 있었어요. 오스트리아가 저렇게 막 나가는 건 러시아를 겨냥한 일이라는걸요. 당하고 있을 수만은 없었지요. 그리고 7월 30일이 되자, 러시아도 총동원령을 내립니다. 총동원령이란 전면전을 위해 국가의 모든 자산과 병력을 다 동원한다라는 뜻의 선언입니다. 그럼 독일은 가만있었을까요? 천만에요. '러시아가 우리 동생국가 오스트리아를 치기 위해 총동원령을 내려? 그럼 우리도 간다!' 하며 독일의 빌헬름 2세도 똑같이 총동원령을 내립니다.

게다가 빌헬름 2세가 또 한 가지 일을 저질렀습니다. 만일 비스마르크가 현직에 있었다면 도시락 싸들고 다니면서 뜯어 말릴 일이죠. 1914년 8월 1일, 빌헬름 2세가 러시아에 선전 포고를 하고 만 것입니다. 여기에 프랑스까지 독일에 대항해 총동원령을 내리면서 본격적인 1차 대전이 시작되었습니다. 독일은 그렇게 오른쪽의 러시아, 왼쪽의 프랑스까지 양쪽에게 협공을 당하게 됐어요. 그런데 이상하지 않나요? 독일 입장에서는 이렇게 프랑스와 러시아가 협공하는 것이 최악의 시나리오였는데, 도대체 뭘 믿고 양쪽의 전쟁을 감수한 걸까요?

독일이 믿었던 구석, '슐리펜 계획'이란?

전쟁에 돌입한 독일, 오스트리아 그리고 프랑스의 분위기는 거의 축제에 가까운 분위기였어요. 프랑스 파리에서는 참전하는 군인들의

독일제국의 육군원수 알프레드 슐리펜

아내와 자녀 들이 마치 소풍 가는 가족을 대하듯 웃으며 배웅했고, 독일의 경우 시민들이 출전을 하는 군인들의 총구에 꽃까지 꽂아주었답니다. 왜 그랬을까요? 일단 1차 대전 이전까지만 해도 역사상 이런 규모의 대규모 학살전은 전혀 없었기 때문에 그들 앞에 닥칠 비극이 얼마나 참혹할지 상상도 못한 것이 첫 번째 이유였습니다. 그리고 각국 정부들이 전면전보다는 서로 군사적으로 무력시위를 하고 다시 본국으로 돌아올 계획을 세워놓았기 때문입니다. 8월에 전쟁이 시작되면 아무리 늦어도 12월 크리스마스 전에는 고향 집에 돌아올 수 있을 것이라 생각했지요. 물론 크리스마스 전에 돌아왔어요. 1914년 크리스마스가 아니라 4년 후의 1918년 크리스마스였던 것이 문제였죠.

그리고 독일에게는 소위 '슐리펜 계획(Schlieffen Plan)'이라는 전략이 있어서 나름 든든했답니다. 이 계획에 대해서 설명해보겠습니다. 앞서 말했듯이 독일은 동서 양쪽에서 프랑스, 러시아와 동시에 전쟁을 치르는 것이 최악의 시나리오였어요. 만일 프랑스와 러시아 양국과 동시에 전쟁을 치른다면 '슐리펜 계획'이란 전력 카드를 꺼내 쓸 계획이었습니다. 이 계획은 1891년 독일 참모총장에 오른 알프레드 슐리펜(Alfred von Schlieffen) 장군이 고안한 작전입니다. 만일 프랑스와 러시아, 동서 양쪽에서 전쟁이 동시에 일어난다면 러시아는 땅덩어리가 워낙 넓어서 총동원령을 내린다고 해도 전쟁 준비를 하는 데 최소 7주 정도 걸린다고 계산

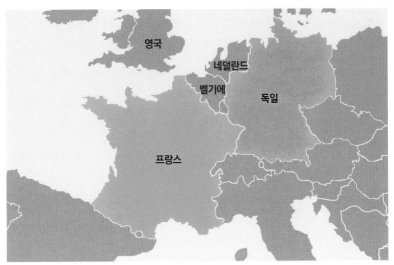

프랑스-독일 국경 지점의 북쪽으로는 네덜란드와 벨기에라는 완충지대가 있다

했어요.

그래서 전쟁 준비에 허둥거리는 러시아보다, 먼저 프랑스를 40일 만에 빠르게 점령한 다음 그 병력으로 다시 러시아 전선에 병력 수송용 기차를 보내 러시아와 맞서 싸우게 한다는 작전이었어요. 이론상으로는 그 럴듯한 계획이었어요. 독일은 이미 '1초도 어긋나지 않는다'고 자부할 수 있는 정교한 철도 시스템을 가지고 있었기 때문입니다. 몇 월 며칠 몇 시까지 어느 정도의 병력을 어느 역까지 정확히 보낼 수 있었던 거죠. 하지만 '이론'일 뿐이었죠. 막상 독일이 이 슐리펜 계획을 시작해보니 예상치도 못했던 문제가 발생합니다.

독일과 프랑스의 남쪽 국경을 보면 서로 딱 닿아 있어서 직접적으로 국경을 이루고 있지요. 그런 반면 북쪽을 보면 애매한 완충지대가 있습니다. 벨기에, 네덜란드 등의 나라들이 프랑스와 독일 사이에 끼어 있는 겁니다.

슐리펜 계획에 따르면 독일은 남쪽 국경, 즉 프랑스와 직접적으로 국경을 이루고 있는 지대로는 돌파하지 않는 걸로 되어 있었어요. 당연히 프랑스도 그 '직접적 국경'에 최정예 군대를 배치했을 테니까요. 그래서 독일군이 남쪽 돌파 대신에 북쪽, 그러니까 상대적으로 군사력이 약하고 방어도 허술한 벨기에, 네덜란드에 독일군 최정예 부대를 통과시켜 프랑스 땅으로 들어가서 다시 남쪽으로 내려가 남쪽 국경을 방어하던 프랑스 정예부대 뒤통수를 친다는 계획이었습니다.

슐리펜 계획의 치명적인 허점

전쟁이 시작되자 독일군 수뇌부는 불안해지기 시작했어요. '우리 독일군의 최정예 부대 거의 전부를 다 벨기에 쪽으로 보내는 건 좀 오버 아닌가?' 하고 우려했죠. 그래서 슐리펜 계획을 '약간' 수정했어요. 원래 병력의 약 70%를 벨기에의 허술한 국경지대로 보내는 게 계획이었지만 약 50%만 보내고 나머지는 남부 지대 국경, 그리고 또 나머지는 멀리 동부 전선의 러시아 쪽으로 보낸 것입니다. 이 '소심함'이 결과적으론 슐리펜 계획을 완전히 망하게 한 결정적 원인이 됩니다.

슐리펜 계획의 핵심은 '정확함'이었어요. 몇 월, 며칠, 몇 시까지 어느 지역에 병력 얼마를 보내고 또 언제까지 어느 지역에 병력 얼마를 보내는 게 슐리펜 계획의 핵심이었습니다. 그것을 가능하게 하는 점이 독일 철도 시스템의 정확성이었고요. 당시 독일이 철도의 정확성을 얼마나 중요시했냐 하면, 전국의 수학 천재들은 다 독일 철도청에 들어가 평생 철도 시간만 계산하다 머리가 이상해진다는 말까지 있을 정도였답니다. 이런 정확성은 전시가 아니라 평시에는 가능해요. 하지만 당시는 별의별 변수가 다 튀어나오는 전시 상황임을 독일군 사령부는 간과했던 거죠.

슐리펜 계획이 망하게 된 이유가 있습니다. 첫 번째는 당시의 독일 철도는 외선, 즉 철도 선로가 하나였다는 점입니다. 상행선, 하행선 계산을 잘못하면 철도는 바로 아수라장이 되는 상황이었죠. 그런데 전쟁 상황에서 기차가 폭파되고, 선로가 끊어져 와야 할 기차가 못 오는 상황이 벌어집니다. 두 번째 이유는 독일이 벨기에를 '물'로 봤다는 거죠. 그냥 쉽게 통과할 줄 알았지요. 그런데 의외로 벨기에의 저항은 거셌습니다. 3일 이내에 통과해야 할 벨기에를 7일 만에 통과하는 일이 발생한 겁니다. 그렇게 슐리펜 계획은 처음부터 와르르 무너지기 시작했습니다.

슐리펜 계획이 어긋나기 시작하자 독일군 수뇌부는 동맹이었던 오스트리아에게 지원을 요청했습니다. '이봐, 오스트리아. 우리가 원래 프랑스 전선에서 러시아 전선으로 보내야 하는 병력이 조금 늦어지고 있거든. 그래서 부탁인데 너희 병력을 러시아 쪽으로 보내서 되는 대로 막아줄 수 있겠나? 금방 프랑스 정리하고 빨리 그쪽으로 갈게'라고요. 오스트리아는 일단 알았다고 승낙하지만 사실 오스트리아 입장에서는 독일이 프랑스와 싸우든 러시아와 싸우든 별 관심이 없었어요. 오스트리아의 관심은 오로지 남쪽 세르비아를 응징하는 것뿐이었기 때문입니다. 그래서 차일피일 시간을 끌었어요. 다급해진 독일이 다시 독촉하니 그제야 오스트리아 병력을 러시아 쪽으로 이동시키려고 했는데 이번에도 '철도'가 문제였습니다.

당시 오스트리아 주력군은 이미 기차를 타고 남쪽 세르비아로 향하고 있었기에 가던 길 멈추고 러시아 쪽으로 방향을 바꿀 상황이 아니었습니다. 철도가 하나여서 독일의 요구대로 러시아 쪽으로 방향을 바꾸려고 해도 일단 세르비아로 기차 타고 내려간 다음, 기차를 다시 갈아타고 러시아 쪽으로 올라가는 방법밖에 없었던 겁니다. 게다가 세르비아에 도착한 오스트리아군을 세르비아 국민들이 환영해줬을까요? 상대 진영의 군대인데요. 세르비아에 도착한 오스트리아군이 '너희랑 싸울 시간 없어. 철도가 없어서 잠깐 들른 거고 바로 러시아로 가야 해'라고 해도 세르비아군은 오스트리아군을 곱게 보내주지 않았겠죠. 치열한 전투가 벌어졌지요. 기다렸던 오스트리아 원군은 오지도 않고 독일은 일이 연속으로 꼬이기 시작했어요. 결국 슐리펜 계획은 예상과는 달리 실패하고 말았습니다.

영국, 1차 대전에 참전하다

독일 입장에서 바다 건너 영국의 참전은 정말 피해야 할 시나리오였습니다. 가뜩이나 프랑스, 러시아와 싸우기도 벅찬데 영국까지 끼어들면 큰 혹 하나가 더 붙는 격이었으니까요. 그래서 전쟁 발발 직전이었던 1914년 7월 29일, 독일 정부는 영국에 몰래 물어봅니다. '중립'을 지킬 수 있는지를요. 그러자 영국은 조건을 하나 걸었어요. "우리 영국이 중립을 지키면 독일은 벨기에의 중립을 지켜줄 수 있는가?"였죠. 당시 벨기에는 영국 대륙 진출의 교두보 역할을 하던 국가였기에, 영국이 벨기에의 중립을 보장해주던 상황이었어요. 하지만 독일은 선뜻 대답을 못했어요. 슐리펜 계획에 따르면 가장 먼저 벨기에부터 끝장내기로 되어 있으니까요.

슐리펜 계획이 발동되고 독일이 벨기에를 점령하자 영국은 기다렸다는 듯 독일에 선전포고했습니다. 우방국인 벨기에를 구한다는 명분이었지만 사실 독일이 프랑스를 점령한 다음 목표는 영국이라는 뻔한 상황에서 벨기에가 핑곗거리가 된 것이었죠. 영국도 참전 기회를 엿보고 있었고요. 결국 이 아수라장에 영국까지 끼게 됩니다. 이제 서부전선 상황은 독일이 영국과 프랑스, 두 나라와 상대를 해야 할 상황으로 치닫습니다. 지금부터는 1차 대전의 두 전선을 '서부전선(프랑스와 독일)' 그리고 '동부전선(독일과 러시아)'으로 부르겠습니다.

독일군은 서부전선에서 총력전을 펼쳤어요. 그러자 처음에는 서부전선에서 나름 막강한 공격력을 발휘했어요. '어라, 프랑스군도 생각보다 별거 아닌데'라고 생각하며 계속 프랑스 내륙 쪽으로 밀고 들어왔습니다. 이제 서부전선의 독일군은 목표는 하나밖에 없었습니다. 속전속결의 파리 점령!

1914년 9월. 이제 독일군은 파리 바로 앞, 파리에서 약 50킬로미터 떨어져 있는 마른강(Marne River)까지 도달했어요. 이제 이 강만 넘으면 파리는 독일군 수중에 넘어가는 상황이었습니다. 그런데 독일에 청천벽력의 뉴스가 2개나 들어옵니다. ❶ 영국군이 바다를 건너 프랑스군에 합류했다는 소식. 사실 이건 이미 예측되어 있던 것이기 때문에 그다지 충격적이진 않았어요. 그런데 그다음이 문제입니다. ❷ 최소 7~8주 걸릴 것으로 예상됐던 러시아의 총동원령이 '예상보다 빨리' 진행되면서 이미 동부전선에서 독일군과 러시아군 사이에 전면전이 개시되었다는 소식이었습니다. 일이 참 독일 뜻대로 안 풀렸어요. 그렇죠?

드디어 열렸다
'서부전선' 헬게이트

1914년 9월, 당황한 독일군 사령부는 급하게 서부전선에서 일부 병력을 빼서 동부전선 쪽으로 이동시키기 시작했습니다. 갑자기 병력이 줄어든 독일군은 마른강에서 주춤할 수밖에 없었어요. 승기를 잡은 프랑스는 병력을 택시에 태워 마른강 지역으로 이동시켰어요. '파리의 택시부대'라는 이름까지 얻었던 작전이었습니다. 프랑스의 반격으로 독일은 결국 영국·프랑스 연합군에 패배하고 말았습니다. 이것이 1차 대전사에 '마른 전투(Battle of The Marne)'라고 기록되었고요.

영국·프랑스 연합군에게 마른 전투의 승리는 기뻐할 일이었지만 앞으

독일군과 연합군이 격돌한 프랑스 동북부의 서부전선

로 전개될 1차 대전의 시선에서 보자면 '헬게이트'가 열리는 순간이기도 했습니다. 이 마른강을 기준으로 '영불 대 독일'로 나뉘어 양편이 무려 4년 동안 '4개월 총을 쏘고 3킬로미터 전진하고 5개월 총을 쏘고 2킬로미터 후퇴'를 하는 지루한 살육전인 '서부전선'의 참호전을 시작하게 되었으니까요.

참호전 초기에 영국, 프랑스군과 독일군은 서로의 뒤통수를 치기 위해 프랑스 북부 해안 쪽으로 서로 돌진해서 올라갔어요. 먼저 해안에 도착한 측이 그 위쪽을 선점하고 상대의 뒤쪽으로 내려와 상대편의 뒤통수를 공격하기 위함이었지요. 이것을 '해안으로 가는 경주(Race To The Sea)'라고 불렀어요. 결국 양쪽이 거의 동시에 해안에 도착함으로써 뒤통수

작전에 실패했습니다. 그때부터 양측은 500미터 폭의 중립지대를 가운데 두고 남북으로 참호를 파고 대치하기 시작했어요. 이때 만들어진 서부전선은 북쪽의 벨기에 해안선부터 남쪽 끝 스위스까지 약 1,000킬로미터로 연결되어 1차 대전이 끝나는 1918년까지 별 변화 없이 서로를 죽이는 살육의 장이 됩니다. 그리고 이 서부전선은 나중에 영화 〈1917〉의 배경이 되고요.

당시 서부전선의 참호전은 이렇게 진행됐습니다. 일단 영국·프랑스의 참호와 독일의 참호는 500미터밖에 안 떨어져 있었어요. 잠깐 뛰면 도착할 정도의 매우 가까운 거리였죠. 당시 참호를 보면 각국 나라의 성향도 알 수 있습니다. 독일군 참호는 정말 1센티미터의 오차도 없는 정확함으로 건설된 반면, 프랑스군의 참호는 중간중간에 댄스홀도 있고 심지어 술집도 있었다고 해요. 현재도 서부전선 유적지에 가면 이런 유적들이 보전되어 있답니다. 500미터 간격으로 양 진영 중간에 있는 중간 지대를 '무인 지대(No Man's Land)'라고 불렀어요. 말 그대로 사람이 있을 수 없는 지대였어요. 무인 지대에 들어가는 순간 양측에서 발포하는 기관총에 벌집이 되었으니까요.

영화 〈1917〉은 두 병사가 이 무인 지대를 통과하는 모험극이었지요. 밤이 되면 양측에서 일제히 무지막지한 포격을 시작했어요. 왜냐하면 이 무인 지대에 깔려 있던 철조망을 망가뜨려야 진격할 수 있었으니까요. 그리고 다음 아침, 지휘관의 호각을 불면 참호 속에 숨어 있던 병사들은 일제히 참호 밖으로 나와 '무인 지대'를 통과해 상대편 참호를 향해 돌진했답니다. 특별한 전술, 전략도 없이 그저 뛰는 것이었어요. 그렇다면 상대편은? 참호 속에 숨어서 기관총을 난사했죠. 기관총 난사 한 번에 수백 명이 시신으로 쌓이게 되는 끔찍하고 무의미한 참호전은 전쟁이 끝나는 1918년까지 무려 4년 동안 계속되었어요.

참호전의 참혹함은 또 있었습니다. 프랑스 북부 지역은 비가 많이 와요. 비가 오면 무인 지대의 포탄 구멍은 웅덩이가 되었겠죠. 그 웅덩이 안에 시신들이 쌓여 있었고 부패한 시신 때문에 전염병이 돌기 시작해서 많은 병사가 죽어 나갔습니다. 또 참호 안도 물웅덩이가 생겨 그 속에 발을 담근 채 머물 수밖에 없던 병사들의 발은 부패했고요. 죽음과 질병이 도사리는 그곳은 지옥 그 자체였습니다.

그나마 병사들에게 위안이 되는 일은 고향에 있는 가족들에게 편지를 써 보내는 일이었는데, 양쪽의 군 수뇌부들은 후방으로 나가는 병사들의 편지를 일일이 검열했어요. 열악한 전장 상황이 후방에 새어 나가는 것을 두려워했기 때문입니다. 하지만 그런 일은 없었습니다. 왜냐면 병사들이 그런 내용의 편지를 전혀 쓰지 않았어요. '아빠 곧 죽는다!'라는 아픈 진실 대신 '아빠는 잘 지내고 있다. 밥도 잘 나오고 대우도 아주 좋아. 곧 고향으로 돌아갈게. 엄마, 잘 챙겨 드리고 있어. 사랑해.' 이런 내용의 편지를 보낸 것이죠.

전쟁터에도
크리스마스는 찾아오고

1차 대전이 발발한 1914년도 7월에서 시간이 흘러 어느 12월 24일 크리스마스이브가 되었어요. 바로 이때 '1차 대전 전장의 기적'이라 불리는 일이 일어납니다. 어김없이 총격전이 끝난 24일의 밤, 독일군 참호 안에서 조용히 크리스마스 캐럴이 흘러나왔어요. 병사들이 부르기 시작한 겁니다. 노래를 들은 반대 진영의 프랑스·영국군도 맞받아 캐럴을 부르기 시작합니다. 서로의 참호 속에서 참혹한 전쟁 중에도 그들에게 크리스마스가 온 것입니다. 누가 약속한 것도 아닌데 그들은 마치 휴전한 듯이 각자의 진영에서 무인지대로 걸어 나와 서로 악수하고 포옹하고, 사진도 찍고 음식도 나눠 먹었습니다. 크리스마스이브만큼은 서로 싸우지 말자고 하면서요. 그야말로 크리스마스가 가져다준 기적이었습니다.

그리고 그다음 날인 12월 25일 성탄절 당일에는 아예 양측 군이 무인지대에서 축구 경기까지 했다고 합니다. 결과도 기록으로 남아 있어요. 독일 축구는 그때도 강했나 봅니다. 영국과 프랑스를 상대로 독일이 3대 2로 이겼다고 해요. 그런데 이 소식이 양측 군 수뇌부에 들어갔어요. 격분한 양측 수뇌부는 '이거 안 되겠다. 이럴 때가 아니다. 지금부터는 속전속결이다'라는 생각에 대량 살상 무기를 전쟁에 투입했습니다. 그때부터 본격적으로 사용하기 시작한 것이 독가스였어요.

영국, 독일군의 모습을 담은 1914년 12월 25일자 영국 <데일리 미러> 기사

　독가스는 1915년 4월 22일 벨기에의 이프르(Ypres)에서 벌어진 '이프르 전투'에서 본격적으로 등장했어요. 독일군이 처음 독가스를 쓰기 시작했는데 그 위력과 고통이 얼마나 심했는지 당시 이프로 전투에 참전했던 한 독일군 병사가 이런 기록을 남겼습니다. "눈이 너무 아프다. 석탄으로 눈을 지지는 것 같다. 앞이 안 보인다. 이건 도대체 무엇인가? 무섭다"라는 내용이었습니다. 그리고 이런 기록을 남긴 독일군 병사는 바로 '아돌프 히틀러'였습니다. 맞아요. 우리가 알고 있는 나치 독일의 히틀러는 1차 대전 당시 독일군 연락병으로 참전했었습니다. 이때 히틀러는 독가스에 너무나 심한 트라우마를 겪은 나머지, 2차 대전 때 나치 독일군이 상당량의 독가스를 가지고 있었지만 사용을 꺼렸다고 해요.(하지만 유대인 학살에 독가스를 쓴 건 참 아이러니죠.)

　아니, 독일군의 독가스 공격에 왜 독일군이었던 히틀러가 피해를 봤냐고요? 당시 가스전이란 것이 그냥 가스통을 열어놓고 바람에 가스가 실려 날아가기를 기다리던 방식이었는데 마침 그때 바람이 그만 연합군 쪽으로 가는 것이 아니라 독일군 쪽으로 불어 독일군의 피해도 컸답니다. 또한 방독면도 없어서 옷 위에 소변을 본 후 그 젖은 옷으로 얼굴을 감싼 뒤 싸웠다고 하지요.

　서부전선의 지루한 살육전은 계속됐어요. 영국과 프랑스도 지치고 독일도 지쳐갔습니다. 이런 교착 상태를 풀기 위해 양측은 새로운 무기들을 개발해 실전에 사용하기 시작했습니다. 대표적인 것이 화염방사기와 수류탄, 탱크 등이었습니다. 물론 당시 탱크는 농사용 트랙터를 개조한 원시적인 형태였기 때문에 실제로는 전투력이 그다지 크지 않았어요. 이 초기 탱크를 처음 전장에 등장시킨 건 영국군이었는데 아무리 전투력이 떨어진다고 해도, 처음 보는 괴물 같은 기계에 독일군이 혼비백산하며 도망쳤다고 하지요. 그 영국군 탱크를 군사용으로 개발했던 사람이 당시 영국군 해군 장관이었던 윈스턴 처칠이었습니다. 이후 2차 대전 때 영국 수상을 역임했던 그 처칠이지요.

　이어서 가장 중요한 무기가 개발되었어요. 바로 전투기입니다. 처음에 1차 대전에 투입되었던 항공기는 전투기라기보다 정찰기에 가까웠어요. 비행기 안에 무기가 전혀 없었기 때문이지요. 오죽했으면 초기엔 공중에서 독일군 정찰기와 연합군 정찰기가 만나면 조종사들끼리 서로 경례를 했다고 해요. 단지 정찰 중이었으니까요. 그러다 정찰기 조종사들이 권총으로 무장하기 시작했어요.

영국군이 1차 대전 때 사용한 군사용 마크 전차

비행기를 조종하다가 서로에게 권총을 조준하는 방식이었지요. 그러다 1914년 8월 영국군이 정찰기에 기관총을 달면서 정찰기는 전투기가 되었고 인류 최초의 공중전이 시작됐습니다. 그리고 전투용 잠수함도 이때 등장했어요. 전쟁 초기부터 영국은 막강한 해군력을 이용해서 독일의 해상 보급로를 끊으려고 했습니다. 아무리 전쟁 중일지라도 독일 역시 해외에서 뭘 사오고 팔고 해야 하는데 독일 앞바다를 영국 군함들이 다 막았습니다. 독일은 이 영국의 해상 봉쇄를 뚫기 위해 바닷속으로 들어갔어요. 1915년부터 시작된 독일의 공격용 잠수함의 개발이었지요.

무너지기 시작한 독일, 순무로 연명하다

서부전선에서는 진전이 없고 영국의 해상 봉쇄는 점점 길어지는 상황에서 독일은 점점 초조해지기 시작했습니다. 독일은 서부 전선의 어느 한 곳을 정한 다음 그곳에 모든 화력을 집중시켜 돌파구를 뚫고자 했습니다. 속된 말로 '몰빵' 작전이었죠. 독일이 선택한 곳은 서부전선 북쪽에 위치한 베르됭(Verdun)이란 곳이었습니다.

독일 통일 전에 벌어진 프랑스와 프로이센 간의 전투를 떠올려보세요. 프랑스가 패배했고 당시 황제였던 나폴레옹 3세가 포로로 잡혔던 일을 기억하나요? 그 전투에서 프랑스군이 최후까지 결사 항전을 했던 곳이 바로 베르됭 지역이었어요. 프랑스인들이 자부심을 크게 가지고 있던 상

베르됭 전투에서의 프랑스군 제6사단의 모습

징적인 곳이기도 하죠. 독일은 이곳을 아예 쑥대밭으로 만들기로 결정합니다.

그리하여 1916년 2월 21일 새벽. 독일군은 무려 1,400문 이상의 대포로 12시간 동안 한 시간에 10만 발 이상의 포탄을 쏘면서 프랑스군을 공격하기 시작했어요. 1차 대전 기간 중 최악의 대량 살상이 벌어졌던 악명 높은 '베르됭 전투(Battle of Verdun)'의 시작이었습니다.

베르됭 전투는 1916년 2월에 시작돼서 그해 12월까지 무려 10개월 동안 계속됐습니다. 전투하는 동안 양측은 끝이 없는 '정신 나간' 소모전을 펼쳤어요. 여기서의 '소모'는 사람 목숨이 소모된다는 뜻입니다. 한 전투에서 5만 명이 전사하면 또 후방에서 5만 명의 신병을 뽑아 채워넣는 의미 없는 소모전이었지요. 베르됭 전투에서만 독일군은 약 34만 명이 전사했고 프랑스도 약 38만 명이 전사했어요. 한 번의 전투로 약 100만 명의 목숨이 날아간 실로 어마어마한 살상의 전쟁이었습니다.

결과적으로 보면 프랑스의 전사자 수가 더 많았으나 이른바 '몰빵' 작전으로 최정예 부대를 쏟아넣은 독일이 실질적으로 패한 전투였어요. 이후 프랑스인들은 예전의 '프랑스-프로이센 전쟁'에 이어 다시 한번 베르됭을 지켜냈다는 자신감 덕분에 이미 전쟁에서 사기가 꺾인 독일군을 압도하기 시작했습니다. 독일은 최정예 병력을 거의 잃어버린 후 다시 신병들을 모집해 빈자리를 채웠지만 대부분 훈련도 제대로 받지 못한 미성년자들이라 말이 군대지 한마디로 오합지졸이었습니다.

베르됭 전투 패배 이후 이미 비틀거리던 독일에게 또 악몽 같은 소리가 들려왔습니다. 영국이 해군을 이용해서 해상 봉쇄를 더 강화하기 시작한 겁니다. 독일도 먹고 살아야 하는데 양쪽의 프랑스와 러시아는 적국이죠, 남쪽 오스트리아는 자기 앞가림도 못하고 있죠. 이런 상황에서 유일하게 물자를 들여올 수 있는 곳이 바다였는데 이 바다를 영국이 막아버린 겁니다. 게다가 1916년에 독일은 최악의 흉년까지 겪어요. 주식이었던 감자는 이미 다 떨어진 독일. 목숨만이라도 부지하기 위해 돼지 사료에 손대기 시작했습니다. 당시 돼지 사료로 쓰던 순무를 먹기 시작한 것인데요. 순무로 빵을 해먹고, 파스타도 해 먹고, 끓여서 죽도 해 먹고, 그냥 생으로 씹어 먹는 등등 어떤 식으로든 먹어치웠습니다.

'루타바가(Rutabaga)'라는 이름의 이 독일 순무는 우리나라 강화도에서 나는 순무와는 조금 다른 배추에 가까운 품종이라고 하는데요, 어쨌든 엄청나게 맛이 없다고 합니다. 하여간 1917년에 들어서는 상황이 더 나빠져서 이제는 민간인, 군인 할 것 없이 모든 독일인이 순무로 연명하는 지경까지 옵니다. 순무로만 버텼던 겨울을 '순무의 겨울'이라고 불렀는데 독일인들은 당시 순무에 대한 트라우마가 생겨서 지금까지도 순무를 잘 안 먹는다고 하지요.

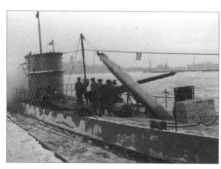
미국의 1차대전 참전을 이끈 유보트

이런 영국의 해상 봉쇄를 뚫기 위해 독일은 1915년부터 개발하기 시작한 전투용 잠수함을 적극 활용하기로 했어요. 이른바 유보트(U-Boat)라고 불리는 잠수함을 이용해 영국의 상선, 군

함을 무차별적으로 격침하기
시작했습니다. 여기서 유보트
는 독일어로 'Unterseeboot',
영어로는 'Undersea Boat' 즉
'바다 밑 선박'이란 뜻이었어요.
당시 유보트 한 척당 어뢰 6발

아일랜드 부근에서 침몰한 루시타니아호

씩 들어갔으니 잠수함 하나면 영국 선박 6척을 침몰시킬 수 있었던 것이
었죠. 유보트의 첫 공격 목표는 군함이었어요. 하지만 영국이 슬슬 상선
또는 여객선에도 몰래 군수물자를 실어 나른다는 소식을 듣고 유보트는
민간 선박도 격침하는 무차별적인 작전에 들어갔습니다.

그러던 중 1915년 5월 7일 뉴욕에서 출발해 영국 리버풀로 향하던 영
국의 초호화 여객선 '루시타니아호(RMS Lusitania)'가 유보트에 격침당하
는 일이 발생합니다. 무려 1,957명이 수장되는 비극이 벌어진 겁니다. 문
제는 그 배에 당시 중립국이었던 미국인도 128명 타고 있었는데 이는 나
중에 미국이 1차 대전에 참전하는 구실을 제공하고 말아요. 왜냐? 당시
미국인들은 불과 3년 전인 1912년 4월 10일에 있었던 '타이타닉호' 침
몰에 대한 트라우마가 있던 상태였거든요. 그래서 일부에서는 타이타닉
호 침몰이 미국의 1차 대전 참전을 이끌었다는 주장도 있어요.

하여간 루시타니아호 침몰에 미국은 격분했습니다. 당시 미국 대통령
이던 우드로우 윌슨(T. Woodrow Wilson) 대통령은 독일에 엄중한 경고
를 합니다. "미국의 인내심을 시험하지 마라"라고요.

이미 언급했던 것처럼 독일은 1915년부터 슬슬 상황이 안 좋아지고

있던 처지였죠. 전선에서도 일이 풀리지 않고 있고 물자는 고갈되어만 가고 순무만 먹고 있는 상황인데 미국까지 참전하다니요. 독일은 나중을 위해 미국에 즉각 사과하면서 꼬리를 내렸습니다.

전쟁터에서 갑자기 사라진 러시아, 그리고 볼셰비키 혁명

그러던 와중에 독일에게는 너무나도 희망적인 변화가 하나 일어났습니다. 바로 러시아와 대치 중이던 동부전선이 '사라진' 것입니다. 동부전선이 사라진 이유는 러시아에서 '볼셰비키 혁명'이 일어나서 황제 니콜라이 2세가 쫓겨나는 일이 발생한 겁니다! 사건의 발단은 이러했습니다. 러시아도 독일과 전쟁을 치른다고 상황이 좋지 않았어요. 겨울이면 영하 20도까지 내려가는 러시아에서 시민들은 추위와 굶주림으로 힘겹게 살아가던 상황이었지요. 그러던 1917년 3월 8일. '먹을 것을 달라'라고 외치던 시민들과 군대가 충돌하는 일이 발생했습니다.

이 충돌이 걷잡을 수 없을 정도로 러시아 전역으로 확대되면서 '노동자 혁명'으로 발전하게 됩니다. 이 상황을 가만히 지켜보던 독일은 러시아의 이 혼란을 이용해 러시아를 아예 무너뜨리기 위해 공작을 펼쳤습니다. 1917년 4월 당시 스위스에 머물고 있던 러시아의 '급진 좌파 지식인' 한 명을 몰래 기차에 태워 러시아로 보내버린 것인데 이 인물이 바로 블라디미르 레닌(Vladimir Lenin)이었어요. 그는 러시아 황제를 쫓아낸 후 러시아 혁명을 일으키고 나중에 소련이라는 나라를 세웠죠.

　독일이 러시아로 보낸 레닌이 이끄는 노동자 세력은 결국 1917년 10월 25일 러시아 황제를 내쫓고 새로운 노동자들의 정권을 세웠어요. 이걸 '볼셰비키 혁명'이라고 해요. 볼셰비키(Bol'sheviki)는 원래 '다수파'란 뜻인데 혁명 당시 레닌이 이끌었던 다수파인 노동자 세력을 '볼셰비키'라고 부르면서 레닌 지지자들의 별칭이 되었답니다. 하여간 독일 입장에선 동부전선에서 전쟁하던 러시아가 갑자기 사라졌습니다. 러시아에서 새로 집권한 레닌이 갑자기 "자본주의 세력이 이끌던 전쟁은 더 이상 하지 않겠다"라고 종전 선언을 했기 때문이죠. 이렇게 갑자기 동부전선이 없어졌습니다.

　러시아가 종전 선언을 하고 1차 대전에서 발을 뺐다는 소식은 독일에게 '복음' 그 자체였습니다. 이제 모든 병력을 서부전선에 올인할 수 있게 되었으니까요. 그렇다고 독일이 갑자기 전세를 뒤집었다는 뜻은 아닙니다. 이미 설명한 것처럼 독일은 영국의 해상 봉쇄 때문에 먹을 것이 없어 전 국민이 순무로 연명하는 최악의 상황이었어요.

　이제 독일 입장에선 앞뒤 가릴 상황이 아니었어요. 동부전선도 없어졌겠다, 독일은 '마지막 승부수'를 띄웁니다. 당시 가장 급선무는 영국의 해상 봉쇄를 뚫는 것이었어요. 독일도 먹고 살아야지요. 언제까지 순무만 먹을 순 없

소련을 건국한 블라디미르 레닌

잖아요. 그래서 지금까지 미국의 눈치를 보며 주저했던 '무제한 잠수함 작전'을 1917년 1월 30일부터 다시 전격 진행했습니다. 연합군 선박은 엄청난 피해를 입었고, 4월 한 달에만 연합군 선박 400척 이상이 유보트에 격침됩니다.

여기에는 영국, 프랑스 선박뿐 아니라 상당수의 미국 선박도 포함되어 있었어요. 미국이 가만히 있었을까요? 격분한 미국은 1917년 2월 3일, 독일과 국교를 끊어버렸습니다. 즉, 미국도 여차하면 참전하겠다는 경고였지요. 독일도 알고 있었어요. 미국 선박을 무차별 공격하면 미국이 결국 참전할 거라는 사실을요. 그리고 미국이 참전하면 독일은 그대로 끝장날 거라는 것도요. 하지만 이런 '미친' 결정을 내린 나름의 이유가 있었어요. 먼저 미국이 본격적으로 참전하기 전에 영국, 프랑스의 배를 전부 격침하고 빨리 전쟁을 끝내자고 생각한 것입니다. 그리고 만일 미군이 참전하더라도 미군을 싣고 오는 선박들을 중간에서 최대한 격침하면 미국의 참전을 늦출 수 있을 거라는 허망한 생각을 했습니다.

멕시코도 1차 대전에 참전할 뻔했다고?

게다가 독일은 엄청난 무리수를 하나 더 던집니다. 이 무리수가 미국이 도저히 참지 못하고 폭발하는 결과를 초래하고, 결정적으로 미국이 1차 대전에 참전하게 됩니다. 그것이 뭐냐하면, 독일이 미국 바로 아래 위치한 멕시코에게 '아래쪽에서 미국 좀 공격해주시오'라는 요구를 한 것입니다!

1917년 1월 16일, 독일 외무부는 멕시코 주재 독일대사에게 몰래 비밀 전보 하나를 보냅니다. 그런데 그 비밀 전보가 영국 정보국에 들통납니다. 영국 정보국은 단 하루 만에 독일 비밀 전보를 해독해서 미국 정부에 넘겨

짐머만이 멕시코로 보낸 비밀 전보

줬어요. 그만큼 당시 독일의 암호문이 형편없었다는 사실도 유추해볼 수 있죠.

내용은 이렇습니다. 멕시코가 독일과 손잡고 밑에서 미국을 공격해주면 멕시코가 미국에 빼앗겼던 텍사스와 애리조나 등을 찾아서 돌려주겠다는 내용이었어요. 한마디로 미국 뒤통수를 쳐주면 그만큼의 보상을 제공하겠다는 딜이었죠. 당시 독일 외무 장관이었던 짐머만(Zimmermann)이 주도했기에 이후 '짐머만 전보 사건'이라고 불리게 되었습니다. 하여간 이 뒤통수 사건은 독일이 정말 넘지 말아야 할 선을 넘은 거나 마찬가지였죠. 미국은 결국 1917년 4월 6일, 독일에 선전포고를 하고 1차 대전에 참전합니다. 독일이 그토록 막고 또 막으려 했지만, 결정적인 계기 또한 제공했죠. 미국의 참전으로 인해 슬슬 독일의 패망이 다가오기 시작합니다.

독일의
마지막 발악

패전의 기운이 짙어지자 독일은 최후의 발악을 준비했어요. 쓸 수 있는 병력을 다 긁어모아서 한번 시원하게 총공세를 하고 장렬하게 망하자는 생각이었겠죠. 망할 때 망하더라도 저놈의 서부전선 한번 뚫어 보고 망해야 하지 않겠나 했을 겁니다. 이것을 1918년 독일의 '춘계공세'라고 불러요. 1918년 3월 21일, 말 그대로 봄에 시작된 공세이기 때문이죠. 독일의 작전은 이러했습니다. 연합군 쪽으로 대규모 포격을 해서 연합군이 정신 못 차리고 허둥지둥할 때, 날쌔고 싸움 잘하는 돌격대를 먼저 신속하게 적진으로 보내서 아수라장으로 만들어 놓고 그때 독일군 주력부대를 투입해 연합군을 묵사발로 만들자는 작전이었죠.

그런데 어라? 작전이 성공합니다. 그렇게 견고하던 서부전선의 연합군 방어선이 뚫린 것입니다! 그 뚫린 구멍으로 독일군은 물밀듯이 진격해 들어갔어요. 그러나 이 춘계 총공세, 그 시작은 좋았지만 최종적으로 성공했을까요?

결과는 실패였어요. 당시 연합군이 비상식량을 놔두고 후퇴했었습니다. 소시지, 베이컨, 빵, 통조림, 와인 등등이 남아 있었죠. 앞에서도 언급한 바 있지만 독일군은 그때까지 순무 하나로 연명하던 상태였어요. 간단히 말해서 1년 넘게 깍두기만 먹고 있었는데 눈앞에 갑자기 횡성 한우 투플러스 등심이 깔려 있었던 것이죠. 여러분 같으면 지금 상관의 돌격 명령이 귀에 들어올까요? 안 들어오지요. 당시 춘계 공세에 참가했던 독일군 장교의 기록에 따르면 "하라는 진격은 안 하고 병사들이 정말 걸신들린 것같이 게걸스럽게 연합군의 비상식량과 술을 퍼마시고 먹었다"라고 합니다.

후퇴했다가 다시 정신 차리고 재정비한 연합군이 돌아와 보니 걸신들린 독일군이 있었습니다. 전투가 제대로 될 리 없었지요. 결국 야심 찼던 독일의 춘계 대공세는 실패했습니다. 그때 전사한 독일군 수만 무려 25만 명이었습니다. 문제는 이 25만 명이 독일이 보유했던 거의 마지막 정예 병력이었다는 것입니다. 그런 반면 연합군 측에서는 매달 20만 명이 넘는 미군이 대서양을 건너와 연합군에 합류하던 상황이었지요.

독일 황제, 도망가다!

이제 독일에서도 슬슬 휴전 얘기가 나오기 시작했어요. 항복하기는 싫고 먼저 휴전 협상부터 해보자는 거였죠. 그런데 이미 쓰러져 가던 독일에게 마지막 결정타를 날린 사건이 독일 내부에서 일어났어요. 독일의 패전을 받아들일 수 없었던 빌헬름 2세는 독일 해군에게 마지막 출항을 명령했습니다. 이미 연합군이 독일 국경을 넘어 진격해오던 상황, 즉 독일 패전은 이미 결정이 난 상황에서 내려진 해군 출항 명령은 자살 명령이나 다름없었지요. 나가서 연합군 군함 하나라도 더 격침시키고 장렬히 바다에서 전사하라는 명령이었습니다.

그때 독일 북부의 킬(Kiel)이라는 도시의 해군항에서 반란이 일어납니다. 후방에서 멀리 떨어진 전선에서 싸우던 육군과 달리 해군은 보통 항구도시 근처에 위치했기 때문에 지금 전쟁 상황이 어찌 돌아가는지 실시간으로 파악할 수 있었는데요. 특히 킬은 규모가 큰 항구도시였어요. 킬 군항에 정박 중이던 독일 해군은 독일 육군이 서부전선에서 지금 후퇴하고 있다는 소식을 들었던 거죠. '뭐야? 우리보고 나가 죽으라는 거야? 이렇게 죽을 순 없지' 하며 반란을 일으킨 겁니다! 이때가 1918년 11월 3일이었습니다.

'킬 군항 수병 반란'은 쓰러져 가던 독일에 최후의 일격을 가했어요. 해군들이 반란을 일으키자 킬 주변의 노동자들이 일제히 동조 파업에 들어

킬 항구에서 반란을 일으킨 독일 수병들의 모습이다

갔어요. 빌헬름 2세 때문에 소중한 우리 아들들을 더 이상 의미 없이 죽
도록 둘 수 없다고 외치면서요. 이 동조 파업은 수도 베를린을 포함한 독
일 전역으로 빠르게 번졌습니다. 독일은 통제 불능의 대혼란에 빠졌어
요. 그런 와중에 1,000만 명의 젊은이들이 의미 없이 목숨을 잃게 만든
독일 황제 빌헬름 2세는 11월 9일 밤, 몰래 열차를 타고 옆 나라 네덜란
드로 도망 갑니다. 한 나라의 황제가 야반도주를 한 거죠.

　황제가 도망간 독일은 바이마르란 도시에서 공화국이 되었음을 선포
했어요. 이것이 그 유명한 '독일의 11월 혁명'입니다. 그리고 이때 생겨
난 공화국이 '바이마르 공화국'이에요. 나중에 2차 대전 편에서 설명하겠
지만 이 바이마르 공화국 탄생이 결과적으로 히틀러라는 괴물을 만들게
돼요.

킬 수병의 반란에 이어 독일 전역에서 노동자들의 동조 시위와 파업이 벌어졌다

독일의 패망,
그리고 히틀러

황제가 도망간 후 새롭게 들어선 바이마르 공화국은 결국 연합국에 항복합니다. 1918년 11월 11일의 일입니다. 4년 동안 끌어온 인류 역사상 첫 세계대전의 마무리였습니다. 그리고 독일은 항복 문서에 사인하는데, 사인을 한 장소가 조금 특이했습니다. 연합국은 프랑스의 어느 숲으로 열차 한 대를 끌고 가서 그 열차 안에서 독일 바이마르 공화국에게 항복 문서에 사인하라고 했어요. 왜 그런 걸까요? 독일이 항복 문서에 서명한 후 프랑스는 다시 열차를 수도인 파리로 향하게 해서 일반인들 앞에 문서를 전시했어요. '이것이 바로 독일이 항복 문서에 서명한 그 열차입니다!' 하며 눈앞에 보여준 것이죠. 독일의 마지막 남은 자존심까지 다 꺾겠다는 조롱 같은 것이었어요.

자, 이제 전쟁이 끝났으니 정산을 통해 피해 보상받을 시간이 왔어요. 1919년 1월 18일 베르사유 궁전 거울의 방에서 '파리 강화회의'가 열렸습니다. 거울의 방이라는 장소와 1월 18일이라는 날짜를 택한 이유가 있습니다. 프랑스-프로이센 전쟁에서 프랑스의 패배 이후인 1871년 1월 18일에 프로이센의 비스마르크가 이곳 거울의 방에서 프랑스의 패전을 알리고, 빌헬름 1세가 통일 독일 제국을 선포한 날이기 때문입니다. 프랑스로서는 최악의 굴욕을 당한 사건이었고요. 그리고 이제 복수의 시간이 왔습니다. 똑같은 자리에서 패전국 독일을 데려와 배상 요구를 하게

된 거죠.

파리 강화회의란 간단히 말해서 '독일, 이제 피해 보상해라. 돈부터 갚아'라고 요구하는 자리였어요. 연합국이 독일에게 요구했던 내용은 정말 혹독했습니다. 일단 독일은 모든 해외 식민지를 포기해야 했습니다. 그때 독일령이던 중국 산둥성의 칭다오가 일본에 넘어갔어요. 왜? 일본도 1차 대전 승전국이었답니다. 일본도 1차 대전에 참여했다니, 기억하시나요? 1차 대전 전에 영국과 일본은 동맹 관계였다고요. 일본도 연합군 측에 참전했고 몇 척 안 되는 군함이지만 지중해에 파견해서 영국 해군을 도왔답니다.

그리고 독일은 앞으로 10만 이상의 군대를 보유할 수 없게 되었습니다. 결정적으로 20년 안에 1,320억 마르크(당시 독일 화폐 단위) 상당의 배상금을 갚아야 했어요. 간단히 계산하면 독일의 1년 GDP(국내 총생산)의 10%를 매년 갚아 나가라는 말이었습니다. 즉 독일 전국에서 1년 동안 생산한 것 중 10분의 1 수준을 매년 배상금으로 내라는 소리인데, 솔직히 독일이 망하기를 바라는 요구였죠. 결국 1차 대전 이후 독일의 경제는 곧

1차대전 직후 최악의 하이퍼 인플레이션을 겪은 독일

두박질칩니다. 당시 독일 화폐였던 마르크화는 말 그대로 '휴지'가 되었습니다.

그리고 독일 국민들은 최악의 굴욕감과 패배감에 휩싸였고 그 분노의 화살을 당시 독일의 금융업을 장악하고 있던 유대인에게 돌리기 시작했습니다. 희생양이 필요했고 자기 합리화를 시작했던 거죠. "우리 독일은 충분히 이길 수 있었는데 후방에서 저 '수전노' 유대인들이 독일의 등에 칼을 꽂아서 독일이 진 거야. 저 유대인들을 가만히 놔둘 수 없어"라는 말도 안 되는 생각을 하기 시작했어요. 그리고 이런 독일인들의 패배감을 악용하여 권력을 잡은 인물이 곧 등장합니다. 그 유명한 '아돌프 히틀러'입니다. 곧 이은 2차 대전 편에서 이 아돌프 히틀러라는 인간에 대해 알아보고 그가 어째서 2차 대전을 일으켰는지 다뤄보겠습니다.

1917

개봉 2019

장르 드라마, 전쟁

감독 샘 멘데스

흔치 않은 1차 세계대전 영화

샘 멘데스 감독은 이 영화의 모티브를 1차 대전 참전용사였던 친할아버지에게서 얻었다고 합니다. 즉 실화 바탕의 영화인 거죠. 감독은 영화를 최대한 '다큐멘터리'처럼 만들기 위해 공을 많이 들였습니다. 특히 이 영화에서 돋보이는 연출 기법은 '원 컨티뉴어스 샷(one continuous shot)'입니다. 장면 전환 없이 처음부터 끝까지 한 장면처럼 화면이 연결되게 찍는 방식이지요. 한마디로 관객들이 스크린에서 잠시라도 눈을 못 떼게 연출한 것입니다. 또한 무명이었던 배우들을 주인공으로 캐스팅해서 관객들이 최대한 다큐멘터리처럼 느끼도록 했어요. 오히려 콜린 퍼스, 베네딕트 컴버배치 등의 유명 배우들이 엑스트라로 출연합니다. 샘 멘데스 감독은 영화가 시작되는 시간대를 1917년 4월 6일로 정했는데, 이는 큰 의미가 있습니다. 미국이 본격적으로 1차 대전에 참전을 시작한 날이기 때문이지요. 결국 이 영화는 다큐멘터리가 아니라 '연합군의 승리를 그린 영화'라는 뚜렷한 메시지를 제목을 통해 보여준 것이지요. 1차 대전 그 자체인 영화 〈1917〉입니다.

1차 세계대전을
다룬 썬킴의
오디오클립을
들어보세요

#2차 대전 발발

"1939년 9월 1일. 할머니가 돌아가셨다"라는 선제 공격 암호에 따라 나치 독일의 기계화 부대, 즉
탱크들이 일제히 폴란드 국경을 넘었습니다. 2차 대전의 공식적인 시작이었습니다.
1939년 9월 1일, 세계는 또 다른 세계대전의 시작을 목격하고 있었습니다. 히틀러라는 한 사람의 야욕
때문에요.

2장

치밀하게 계획된
2차 대전

1921 - 1945

2차 대전의 주요 사건

1921	7월 29일	히틀러, 독일 노동자당 당수 취임 독일 정계 입문
1923	11월 8일	히틀러, 뮌헨에서 쿠데타 시도 실패 후 수감. 자서전 〈나의 투쟁〉 집필
1933	3월 24일	나치당, '수권법'을 통과시키며 독일, 나치 1당 독재 시작
1938	3월 15일	나치 독일, 오스트리아 합병
1939	9월 1일	나치 독일, 폴란드 무력 침공, 2차 대전 발발
1940	5월 26일	영국·프랑스 연합군, 덩케르크 해안에서 철군
1941	6월 22일	독일, 소련과 불가침 조약 파기하고 소련 침공
1943	2월 2일	스탈린그라드 전투에서 독일 패배
1944	6월 6일	연합군, 노르망디 상륙작전 개시
1945	4월 30일	히틀러, 베를린 지하 벙커에서 자살 독일, 2차 대전 패망

미술학도였던
히틀러

1차 대전과 2차 대전의 가장 큰 차이가 뭘까요? 1차 대전은 '어느 한 사람'이 일으킨 전쟁이 아니라 유럽 강국들 사이 우발적으로 일어난 전쟁이었습니다. 반면 2차 대전은 일으킨 사람이 분명히 있었어요. 우리가 아는 그 사람, 히틀러죠. 혹시 히틀러가 독일인이라고 생각한 적 있으신가요? 히틀러는 1889년 4월 오스트리아에서 태어난

오스트리아에서 출생한 히틀러

오스트리아 사람이었어요. 물론 같은 독일어를 쓰는 게르만 민족이지만 엄연히 오스트리아인인 히틀러가 어찌해서 독일의 총통이 되어 2차 대전을 일으켰을까요? 지금부터 하나씩 짚어보겠습니다.

아직 1차 대전이 발발하기 전이었던 1910년, 오스트리아에서 미술 학도를 꿈꾸던 한 청년이 있었어요. 아직 어렸던 시절의 아돌프 히틀러였습니다. 히틀러는 오스트리아 최고의 미술학교였던 빈 미술 아카데미에 입학하려고 줄기차게 원서를 넣었지만 계속 낙방했어요. 화가 머리끝까지 난 히틀러는 학교에 직접 찾아가서 따졌어요. 그리고 왜 나를 계속 떨어뜨리는지에 대해 물었죠. 학교의 교장 선생님은 그 이유를 설명해줬습니다. "당신 그림은 순수 미술이라기보다 아파트 견본주택과 같은 건축 그림이다. 우리 학교가 추구하는 순수 미술과는 다르다"라는 내용의 답변을 해주었죠. 사실 히틀러가 미술을 공부하던 1900년대 초는 인상파, 야수파 같은 그림들이 인기를 끌던 시대였기 때문에 히틀러의 아파트 조감도 같은 건축물 그림은 주류로 취급하지 않았어요. 교장 선생님의 말은 아주 틀린 건 아니었을 겁니다.

히틀러가 계속 학교로 찾아와서 귀찮게 구니까 빈 미술 아카데미의 담당 교수는 히틀러에게 이런 말을 합니다. "넌 건축학에 재능이 있어 보이는데 차라리 건축학을 공부하는 것이 어떠냐?"라고 물으며 히틀러의 관심을 건축학으로 돌리려 했죠. 그리고 그건 효과가 있었어요. 히틀러는 1913년 5월 오스트리아를 떠나 독일의 뮌헨으로 이사 갔어요. 갑자기 웬 독일로 이사를 하느냐고요? 건축가로 방향을 돌린 청년 히틀러의 눈에 들어왔던 게 바로 독일의 화려한 건축물들이었어요. 그래서 세계 최고의 건축가가 되기 위해 과감히 독일로 이사를 한 것입니다.

히틀러, 독일군으로
입대하다

건축을 공부하러 간 히틀러는 독일 제국의 화려함에 완전히 시선을 빼앗겼어요. 비스마르크의 통일 이후에 급속도로 유럽 강대국으로 성장한 독일의 모습이었죠. 심지어 당시 세계 최강 국가였던 영국과 맞짱을 뜰 정도로 국력이 커진 독일의 모습에 매료되고 맙니다. 1차 대전이 터진 1914년 직전이었기 때문에 독일의 자신감은 하늘을 찌르던 상황이었기도 해요. 결국 히틀러는 건축학은 내팽개치고 독일 민족의 위대함을 다룬 서적들에 푹 빠졌어요.

그런데 오스트리아 국적의 히틀러에게 있어 독일은 외국이잖아요. 시간이 지나 가져온 돈이 다 떨어지자 그는 어려운 타국 생활을 이어 나갔어요. 히틀러는 돈을 벌기 위해 그림엽서를 그리는 일, 전단 디자인 등으로 겨우 연명했고 수중에 돈이 완전히 없어졌을 때는 공원에서 노숙까지 했어요. 친구도 없고, 돈도 없고, 일도 잘 안 풀렸지만 독일을 짝사랑했던 청년 히틀러. 그런 그에게 인생 최대의 엄청난 사건이 터집니다. 바로 1914년 7월, 1차 대전의 발발이었습니다. '그래, 이 지긋지긋한 백수 생활을 청산하고 독일에 대한 나의 사랑을 입증하는 방법은 바로 독일군에 입대해 참전하는 거야'라고 마음먹은 히틀러는 독일군에 자원입대하게 됩니다.

사실 히틀러가 오스트리아를 떠나 뮌헨으로 이사를 오게 된 계기 중 하

1차 대전 중 연락병으로 활동했던
시기의 히틀러

나가 오스트리아군에 강제 징집되기 싫어서였
습니다. 그 이유는 바로, 오스트리아군은 게르
만 민족으로만 구성된 군대가 아니라 슬라브
족 등 여러 민족이 섞여 있는 군대였기 때문이
죠. 게르만 민족으로서 자부심이 하늘을 찔렀
던 히틀러에겐 참을 수 없는 일이었습니다.

히틀러는 독일군에 입대한 후 연락병으로
활동했어요. 1914년, 히틀러는 서부전선 벨기
에 지역의 이프르에 배치됐습니다.

그런데 1차 대전 당시의 연락병은 굉장히 위험한 보직이었습니다. 연
락병의 임무는 통신시설이 거의 전무한 상태에서 두 명이 한 조로 자전
거를 타고 참호에서 나와 다른 쪽 참호까지 무조건 달려가서 메시지를
전달하는 일이었어요. 사방에서 기관총, 대포 세례가 날아오는 지대를
오로지 자전거만 타고 뚫고 나가야 했어요. 왜 두 명이 한 조였냐고요? 가
다가 한 명이 죽으면 나머지 한 명이라도 메시지를 전달해야 하니까요.
영화 〈1917〉에서 주인공과 다른 한 명이 한 조로 뛰었던 것도 같은 이유
에서였어요.

실제 히틀러는 연락병으로 일하면서 죽을 고비를 수없이 넘겼습니다.
첫 전투에서만 히틀러 소속 연대의 3,600명 가운데 3,000명이 전사를
할 정도였는데, 이런 격전에서도 살아남았어요. 심지어 히틀러가 한 연
대본부에 메시지를 전달하고 나오자마자 바로 그 본부가 연합군의 폭격
을 받아 본부 안에 있던 독일군들이 다 몰살을 당했다고 하지요. 히틀러

는 참 운이 좋았어요. 그때 히틀러가 연대본부에 1분만 더 머물렀다면 2차 대전은 안 일어났을지도 모르겠습니다.

그런데도 히틀러는 군 복무를 하면 할수록 만족감을 느꼈습니다. 심지어 군대를 사랑하게 되었어요. 심지어 히틀러는 나중에 자서전에 이런 글까지 남겼어요. "서부전선 전쟁터가 마치 집같이 느껴졌다. 내 인생에서 가장 찬란한 순간이었다"고요. 미친 거 아닌가 하는 생각이 들 수 있지만 당시 히틀러의 처지를 떠올려보면 이러한 발언도 가능하지 않나 합니다. 고국 오스트리아에서 적응을 못해 독일로 이사를 왔는데, 건축학도의 길은 점점 더 멀어지고 다른 일도 안 풀리고 돈도 떨어진 상태에서 노숙까지 하던 '루저 인생' 히틀러에게 군대는 '뛰는 만큼 인정해주는 조직'이었던 겁니다. 빈 미술 아카데미에도 입학하지 못하고 뮌헨에 와서도 자신의 꿈을 펼치지 못했던 히틀러. 전선에서 가족이나 친구들로부터 단 1통의 편지, 전보도 받지 못했다고 하죠. 그런데 이 전쟁터에서는 자전거로 메시지만 잘 전달하면 그 공로를 바로 인정해주었습니다. 슬슬 '전쟁광'의 싹이 자라기 시작한 거죠.

1차 대전 독일 패망에 절망한 히틀러

영화 〈매트릭스〉에서 주인공이 총알을 피하는 장면이 떠오를 정도로 총을 맞지 않던 히틀러도, 1916년 10월 전투에서 부상당하게 됩니다. 그리고 전쟁 후방 지역이었던 베를린 적십자병원으로 후송되어 치료를 받으면서 충격적인 사실 하나를 깨닫습니다. 자신은 목숨을 걸고 전방에서 싸우다가 입원해 있는데 후방인 베를린의 분위기는 자신의 예상과는 사뭇 달랐어요. 일단 반전(反戰)시위가 거의 매일 일어나던 상황이었고 또 노동조합은 연일 파업을 하던 상황이었지요. 청년 병사 히틀러의 눈에 이런 모습은 '조국에 대한 배신'으로 느껴졌답니다.

히틀러는 후방에 있는 국민들의 정신 상태가 이렇게 해이해진 이유는 '어떤 세력의 음모'라고 의심하기 시작했어요. 결과적으로 히틀러는 그 세력을 '수전노' 유대인들이라고 여겼어요. 독일인들이 피땀 흘려 번 돈을 가로챘다고 믿었기 때문이죠. 하여간 히틀러는 1918년에 다시 부상을 입고 병원 병상에 누워 있던 상태에서 독일 패전 뉴스를 들었어요. 절망 그 자체였죠. 히틀러는 병상에 누워 몇 날 며칠을 울었다고 하지요. '내 사랑 독일이 졌을 리가 없어! 그럴 리 없다고!' 하면서요.

독일 패전 후에도 히틀러는 고국인 오스트리아로 돌아가지 않고 계속 독일에서 군 생활을 했어요. 그만큼 독일군이 되어 독일을 위해 복무하는 것에 푹 빠져 있었던 거죠. 그런데 그 당시 황제 빌헬름 2세가 다스리던 독일제국은 이미 무너진 것과 다름없었습니다. 황제가 야반도주했으니까요. 그리고 바이마르 공화국이란 의회민주주의 국가가 세워진 상태였거든요. 말이 좋아 의회민주주의지 권력 한번 잡아 보겠다고 새로 문을 연 수십 개의 군소 정당이 서로 치고받고 하던 싸움판 같은 상황이었습니다.

얼떨결에 독일 정계에
입문한 히틀러

그러던 1919년 9월 12일, 군 상관이 히틀러에게 한 가지 명령을 내립니다. "히틀러, 지금 군소 정당들이 도대체 무슨 짓을 꾸미고 있나 가서 몰래 염탐 좀 하고 와. 특히 독일 노동자당(Deutsche Arbeiter Partei, DAP)에 가서 정보 좀 캐오고 말이야"라는 내용이었죠. 그런데 그때는 상관이나 히틀러, 그 누구도 몰랐을 겁니다. 별 의미 없던 염탐 명령 하나가 앞으로 히틀러의 미래뿐 아니라 전 인류의 미래를 완전히 바꿔놓을 것이란 것을요.

명령을 받은 히틀러는 뮌헨에 있는 지하 술집에서 열린 한 독일 노동자 집회에 참석했어요. 말이 집회지 주정꾼 50여 명이 모여 신세 한탄하는 자리였답니다. '독일의 미래는 없어', '차라리 이럴 바엔 원래대로 그냥 여러 나라로 쪼개져 사는 것이 좋겠어' 등의 부정적인 말들이 오갔죠. 그도 그럴 것이 패전 후 나라가 경제적으로도 망했고 국민들은 처절한 패배감에 휩싸였던 때였으니까요.

원래 히틀러의 임무는 노동자 당원들의 이런 발언들을 몰래 기록해서 상관에 보고하는 것이었습니다. 그런데

국가 사회주의를 표방한 독일노동자당 로고

독일노동자당의 창시자 안톤 드렉슬러

'위대한 독일 만세'가 삶의 신조였던 히틀러는 이런 '루저들'의 신세 한탄을 그냥 듣고만 있을 수 없는 노릇이었습니다. 그래서 자리를 차고 일어나 연설하기 시작했어요. 위대한 독일인으로서 우리가 어떻게 살아야 하는지와 독일의 미래에 대해서요. 히틀러는 자신이 연설에 재능이 있다는 사실을 이때 알았을 겁니다. '루저' 당원들은 히틀러의 연설을 듣고 감동합니다. 게다가 자리에 있던 당원 중 한 명은 독일 노동자당의 당수였던 안톤 드렉슬러(Anton Drexler)였죠. 그는 히틀러에게 입당을 권합니다. 그러나 히틀러는 거절해요. '나보고 이딴 루저들 모임에 가입하라고? 됐소!' 하면서요.

하지만 히틀러는 고민해보았어요. '지금까지 내 말에 귀 기울여준 사람은 아무도 없었어. 모두 나를 무시하고 비웃었지. 그런데 여기에서는 나를 인정해주잖아. 한번 가입해볼까?'

히틀러는 결국 독일 육군을 떠나 독일 노동자당에 정식으로 입당합니다. 그리고 노동자당 행사가 있을 때마다 연단에 올라 그 특유의 피를 토하는 듯한 느낌으로 연설했어요.

히틀러가 받은 입당 후 받은 노동자당 당원증

시간이 지나면서 히틀러는 자신이 연설에 천부적인 재능이 있다는 걸 점점 더 깨닫게 되었고, 군중이 좋아하는 손동작과 제스처를 연구하는 등 열정을 불태웠죠.

나치당의 탄생, 그리고 히틀러의 쿠데타 시도

당내에서 히틀러 인기는 하늘을 찔렀습니다. 당원들은 히틀러를 원했고 히틀러가 가는 곳엔 수많은 군중과 후원금이 모였어요. 결국 히틀러는 자신에게 입당을 권했던 안톤 드렉슬러를 내쫓고 독일 노동자당을 장악해요. 히틀러는 '내 말발 하나로 독일을 장악할 수 있겠다'라는 생각에 이르러요. 그리고 1920년 독일 노동자당을 아예 히틀러 자신만의 새로운 정당으로 바꿉니다. 새로운 당 이름은 '국가사회주의 독일 노동자당(Nationalsozialistische Deutsche Arbeiterpartei)' 줄여서 '나치(Nazi)'라고 불리는 바로 그 정당입니다.

점점 더 대중의 열광적인 지지를 받게 된 히틀러의 야망은 고삐가 풀립니다. 독일이 1차 대전에서 패망한 이후 독일의 정치 권력은 '먼저 먹는 자가 임자다'라는 말이 돌 정도로 개판이었습니다. 이런 상황에서 히틀러는 일생일대의 도박을 합니다. '국가를 전복하자.' 그렇게 실제로 쿠데타 계획을 세웁니다. 1923년 11월 8일, 히틀러는 독일 뮌헨의 지방 정부를 장악하기로 하고 실행에 옮깁니다. 이것이 바로 히틀러의 '뮌헨 폭동

1923년, 뮌헨에서 폭동을 주도하는 히틀러와 나치 당원들

(The Munich Putsch)'입니다. 하지만 열정만 앞섰지 계획은 너무나 어설퍼서 쿠데타는 바로 실패로 돌아가고 히틀러도 도망치다 부상을 당한 후 사법당국에 체포되고 말았어요. 사기나 횡령도 아니라 쿠데타를 하려다 체포되었던 히틀러는 당연히 '국가반역죄'로 재판에 회부됩니다. 그런데 이 사건이 어떤 일을 초래했을까요? 무려 이 재판 덕분에 히틀러가 독일의 전국구 스타가 되고 맙니다!

무슨 의도로 폭동과 쿠데타를 일으켰는지에 대한 질문에 히틀러는 재판정에서 특유의 연설을 시작했어요. '나는 개인의 야망을 위해 쿠데타를 한 것이 아니다. 지금 독일을 보라. 전쟁에서 패한 후 나라는 무너졌다. 독일 국민들은 먹을 것이 없어 하루하루 끼니를 걱정하고 사는데 정치인이란 것들은 서로 권력 다툼만 하고 있다. 독일은 전쟁 전보다 더 혼란스러운 상황이 됐다. 나는 독일을 다시 위대한 독일로 만들고 싶어 봉기한 것이다. 독일 국민들을 위해 일어선 것이다!'라고 외쳤습니다. 이런 히틀러의 법정 연설은 뉴스가 되어 독일 전역에 알려졌습니다. 당연히 독일 국민들은 열광했지요. 가뜩이나 패배감에 사로잡혀 살던 독일인들에게 구세주가 나타난 것과 다름없었습니다. '도대체 히틀러가 누구야? 이런 사람이 국가 지도자가 돼야지!'라며 열광했어요.

재판관들도 이미 전국구 스타가 되어버린 히틀러를 어찌할 수 없었습니다. 원래는 극형을 선고받아야 하는 히틀러였지만, 겨우 5년 형만 선고받은 데다 그나마도 형기를 다 채우지 않고 13개월 만에 가석방됩니다.

히틀러는 교도소에 있던 동안 전국에서 밀려드는 팬레터를 받으며 행복한 감방 생활을 보냈어요. 얼마나 여유 있는 수감 생활이었냐면 히틀러는 매일 누구와도 면회를 할 수 있었답니다. 매일 '히틀러의 어머니'를 자처한 독일 부녀회, 어머니회 회원들이 면회 와서 히틀러를 격려해줬고 또한 간수들도 '애국지사 히틀러'에게 깍듯이 인사하고 VIP처럼 대접해주었을 정도였습니다. 또 수감 생활을 하는 동안 그 유명한 히틀러 자신

히틀러가 수감 생활 중에 쓴 자서전 표지

의 자서전이자 '나치 독일의 성경'이라고 하는 《나의 투쟁(Mein Kampf)》까지 쓸 정도로 여유가 있었습니다. 심지어 당시 일제의 식민지였던 조선에서도 히틀러 관련 뉴스가 기사화될 정도로, 센세이션 그 자체였어요.

미국의 경제 폭망이
히틀러를 구사일생시키다?

권력을 잡으려고 폭력을 썼다가 콩밥을 먹고 나온 히틀러는 깨닫습니다. '아, 권력은 무력이 아니라 합법적인 방법으로 얻어야 하는구나' 하고요. 그래서 자신의 나치당을 선거 등 합법적인 방법으로 중앙 정계에 진출시키려 해보지만 그게 쉽지만은 않았습니다. 게다가 히틀러가 감방에 갇혀 있는 동안 '주인 잃은' 신생 나치당은 내부에서 서로를 겨냥하며 엉망진창이었고요. 아! 나치는 이대로 끝인가 싶었지만 아니었어요. 그때 행운의 여신이 히틀러를 보고 웃어주었나 봅니다.

1929년이 되자 미국에서는 세계 대공황(Great Depression)이 터졌습니다. 대공황은 한마디로 미국인들이 가지고 있던 주식들이 일순간에 전문 용어로 '휴지'가 되어버린 일입니다. 미국 경제가 한순간에 무너진 사건이죠. 발생 배경에는 여러 가지 일들이 있지만 지금은 2차 대전을 다루고 있으니 유럽 상황에 맞춰 간단히 설명하겠습니다.

모든 일은 '카드 돌려막기'로부터 시작되었어요. 무슨 소리인가 하면요. 1차 대전이 발발하자 영국과 프랑스는 일단 총도 사야 하고 대포도 사야 하고 병사들 먹을거리도 준비해야 하지 않겠습니까? 급전이 필요하니까 당시 신흥 대국이었던 미국을 통해 끌어다 썼어요. 그리고 미국에서 각종 물자도 일단 외상으로 빌려다 썼지요. 미국도 일단 외상이지

세계 대공황 당시 시카고 무료
급식소에 길게 줄 선 사람들

만 영국과 프랑스가 물건을 왕창 사 가니까 장사가 잘되는가 보다 하고
신이 났습니다. 주가도 쑥쑥 오르다 보니 너도나도 주식시장에 뛰어들었
지요. 그리고 전쟁이 끝났어요. 외상을 갚아야 할 시간이었지요. 그런데
막상 영국과 프랑스도 전쟁을 치르며 예산을 초과해 너무 많은 돈을 써
버린 겁니다. 그래서 영국과 프랑스는 패전국인 독일에 빚 청구서를 보
낸 것이고요.

　그런데 독일은 당연히 돈을 갚을 능력이 없었어요. 나라가 거덜 났으니
원래 '독일 → 영국·프랑스 → 미국' 순으로 카드 돌려막기가 돼야 하는
데 독일 자체가 거덜나는 바람에 '돈맥경화'가 걸린 겁니다. 미국 입장에
서는 '어라? 분명 영국과 프랑스에 뭔가 많이 팔긴 팔았는데 왜 입금되는
돈이 없지?' 의아한 상황이 생긴 거죠. 그래서 영국과 프랑스에 외상으로
물건을 판 미국 기업이 연쇄 부도가 나면서 미국 경제가 일순간에 나락
으로 떨어진 사건이 바로 1929년에 벌어진 '세계 대공황'입니다. 당시 미
국은 노동 인구의 3분의 1이 일자리를 잃어버릴 정도로 나라 경제가 주

저앉아 버렸답니다.

대공황 시절의 미국은 전 세계 경제의 47%를 담당하던 국가였습니다. 거의 절반이었죠. 이런 나라가 쓰러지니 영국과 프랑스가 버틸 수 있었 겠습니까? 도미노처럼 차례로 넘어갑니다. 그리고 전 세계 대부분 국가 가 피해를 봅니다. 그래서 그때 대공황을 '미국 대공황'이라고 안 부르고 '세계 대공황'이라고 부릅니다. 그럼 독일은? 거의 재기 불가능 상태까지 갔고 정치판 또한 구제 불능이었고요. 앞서 말한 것과 같이 신생 바이마 르 공화국의 수십 개 군소정당은 나라가 개판이 되든 말든 국민들이 굶 어 죽든 말든 신경 안 쓰고 권력 다툼으로 정신없었지요.

히틀러는 이런 상황을 정확하게 파악합니다. 그리고 자기가 뭘 해야 될 지도 정확하게 알았어요. 히틀러는 또 자신의 주력 무기인 연설을 통해 '독일이 지금 망하고 있는 것은 자기밖에 모르는 중도주의 의회 정치인들 때문입니다! 지금 필요한 것은 강력한 리더십입니다!' 하며 당당히 소리 치고 다녔어요. 여기에 독일 여론도 호응해줬지요. '그래, 이런 아수라장 을 정리할 사람은 강력한 리더십을 가진 히틀러뿐이야'라고 말이죠.

실제로 대공황 이전인 1928년 독일 총선에서 겨우 2.6%의 지지율을 얻었던 나치당은, 한창 대공황이 진행 중이던 1930년 총선에서는 무려 18.3%의 지지를 받습니다. 이 여세를 몰아 히틀러는 아예 독일 대통령 선거까지 출마했고요. 1932년 4월 치러진 대선에서 히틀러는 36.8%의 지지율로 2위를 한 것입니다! 53%의 지지율로 1위로 대통령에 당선된 인물은 1차 대전의 전쟁 영웅이었던 육군 원수 파울 폰 힌덴부르크(Paul von Hindenburg) 장군이었는데요. 1차 대전 영웅과 맞전 대통령 대결에

1차 대전의 전쟁 영웅이었던
파울 폰 힌덴부르크

서 거의 막상막하의 경쟁을 벌인 겁니다. 불과 얼마 전까지 소위 '듣보잡' 신인 정치인이었던 히틀러가 말이지요.

그렇게 1932년 대선 이후 히틀러와 나치당의 인기는 하늘을 찌를 듯 솟아올랐습니다. 결과적으로 나라가 망하기 일보 직전까지 몰아갔던 세계 대공황이 히틀러라는 새로운 정치 스타를 만들어낸 것이었어요. 역사라는 건 참 아이러니하지요.

독일 정계, 히틀러를 만만히 보다

이런 신인 정치인의 급부상을 슬슬 우려의 눈으로 지켜보던 이들이 있었습니다. 바로 바이마르 공화국의 보수 우파 정치인들이었어요. 즉 권력자들이죠. '저 히틀러라는 인간, 너무 잘 나가는 거 아니야? 이러다가 우리 기반 다 빼앗기겠어' 하면서 우려했죠. 하지만 보수 우파 정치인들은 결국 정말 안일한 생각을 하고 맙니다. 히틀러는 겨우 연설 하나로 저 자리에 오른 사람이니까, 연설 말고는 아는 것 하나 없는 무식한 인간이고, 우리처럼 대학에서 법을 공부하지도 박사학위를 딴 것도 아닌, 아무것도 없는 사람이니까 그냥 놔두자고 대수롭지 않게 넘깁니다. 게다

보수 우파 정치인이었던 프란츠 폰 파펜

가 또 이렇게 생각했습니다. 히틀러를 그냥 버리기엔 좀 아깝고, 똑똑한 우리가 히틀러의 인기를 이용하다가 나중에 쓸모없어지면 갖다버리면 어떨까 하고요. 그들은 아직 몰랐어요. 그들이 '물'로 알던 히틀러의 숨겨진 능력을요. 히틀러를 우습게 보고, 자기들의 아래에 있다고 생각한 거죠. 그건 큰 실수였습니다.

보수 우파 정치인들 가운데서도 적극적으로 히틀러를 이용하고자 했던 인물이 있었어요. '프란츠 폰 파펜(Franz Joseph Hermann Michael Maria von Papen)'이라는 정치인이었습니다. 당시 바이마르 공화국 총리 자리에 있던 사람이기도 하죠. 그런데 이 인물은 한마디로 '찌질함'의 극치라고 할 수 있었어요. 일단 정계에 들어와서도 헛발질 정책으로 자신의 무덤을 팠습니다. 대공황으로 독일에만 600만 명이 넘는 실업자가 넘쳐났을 때는 갑자기 실업자 급여를 깎았어요. 또 회사 사장이 노동자의 동의 없이도 노동자의 임금을 마음대로 깎을 수 있도록 법을 바꿔버렸죠. 이 때문에 일순간에 '독일 노동자의 적'으로 찍혀 거의 정계에서 매장된 후 총리 자리에서도 쫓겨난 상태였죠. 이렇게 한때 잘나갔다가 순간 정계에서 밀려난 파펜의 눈에 히틀러가 들어온 것입니다. '아, 내가 저 히틀러란 놈의 인기를 이용해서 다시 정계에 복귀해야지' 마음먹은 것이죠.

파펜은 히틀러에게 제안했어요. 다음 총선에서 '히틀러 자네가 총리로 나가고 난 부총리로 나갈게' 하고요. 총리까지 지냈던 사람이 총리 자리를 히틀러에게 양보하고 본인은 부총리가 된다니 의아한 부분입니다. 파펜은 이렇게 생각했었어요. 히틀러라는 어리바리가 총리 자리에 오르더라도 그를 허수아비로 세워두면, 자신이 충분히 조종할 수 있다고요. 부총리가 되는 걸 떠나서 일단 다시 정계에 복귀하는 게 그에게는 더 중요한 목표였습니다. 그런데 이런 계획에 딴죽을 건 사람이 있었답니다. 바로 직전 대선에서 히틀러와 대통령 자리를 놓고 경쟁하고 승리했던, 독일 바이마르 공화국의 대통령인 힌덴부르크였어요. 1차 대전의 전쟁 영웅인 동시에 독일 육군 원수 출신 대통령이죠. 그가 히틀러를 반대한 이유는 한 가지였어요. 1차 대전 때 본인은 독일 육군 원수였는데 기껏 오스트리아 출신의 예비역 '상병' 히틀러와 같이 정치할 수는 없다는 것이었죠. 어깨를 나란히 할 수 없을 정도로 급이 다르다는 말입니다.

전권위임법으로
히틀러, 권력을 잡다

그러나 파펜은 끝까지 힌덴부르크 대통령을 설득했고 드디어 히틀러는 1933년 1월 30일 독일 바이마르 공화국의 총리 자리에 오르게 됩니다. 파펜은 그때까지도 히틀러는 허수아비로 두고, 자신이 그를 조종하면서 실질적인 권력자가 되리라 생각하고 있었어요. 당시 힌덴부르크 대통령은 나이 든 노인이었을 뿐만 아니라 그냥 '바지사장' 같은 역할

이었거든요. 그래서 파펜
은 힌덴부르크 대통령이
사망하면 혼자서 독일 권
력을 휘어잡을 생각이었
습니다. 하지만 그건 정
말 착각이었습니다. 히틀
러는 파펜과 더불어 독일

사람들의 환영을 받고 있는 힌덴부르크 대통령과 총리가 된 히틀러

보수 우파 정치인들이 얕잡아볼 만큼 어리바리한 인간이 아니었습니다.
어찌 되었든 이제 독일의 정식 총리는 히틀러였습니다. 그리고 히틀러가
보수 정치인들을 역관광할 시간이 다가왔습니다. 총리 자리에 오른 히틀
러는 파펜을 포함한 보수 우파 정치인들에게 한 가지 부탁을 했어요. 다
른 건 몰라도 이 법 하나만 통과시켜 달라고요. 그 법이 바로 히틀러에게
독일 전체를 넘기게 된 '수권법(행정부에 법률을 세울 수 있는 권한을 위임하는
법률, 전권 위임법이라고도 한다)'이었습니다.

　일단 이 수권법이 얼마나 '미친' 법인지 잠깐 살펴보겠습니다. "〈제1
조〉 독일 법률은 의회 말고도 내각에서도 만들 수 있다." 이 말은 내각
을 장악한 총리 히틀러가 마음대로 법을 만들 수 있다는 뜻이고요. "〈제
2조〉 독일 내각은 헌법에서 정한 내용 말고도 다른 법을 만들 수 있다."
이 말은 히틀러가 독일 헌법을 무시하고 초헌법적 법을 마음대로 만들
수 있다는 뜻입니다. 간단히 말해 이 법이 통과되면 히틀러가 독일의 헌
법을 다 무시하고 의회를 자신의 허수아비로 만들어 독일을 자기 마음대
로 할 수 있게 되는 무시무시한 일이 가능해집니다. 그리고 놀랍게도 파

펜을 포함한 독일 우파 정치인들은 뭣도 모른 채 히틀러가 이 법안을 통과시키는 데 힘을 보탰습니다. 그리하여 1933년 3월 24일 수권법은 의회를 통과했습니다.

히틀러에게 뒤통수 맞은 독일 수구세력

우파 정치인들은 여전히 큰 착각을 버리지 못하고 있었어요. 히틀러의 권력은 곧 자기들의 권력이라고요. 즉, 이렇게 막강한 법이 만들어지면 자신들이 독일을 마음대로 통치할 수 있을 거라 여겼습니다. 종국에는 이 법이 통과되고, 1차 대전 후에 만들어졌던 바이마르 공화국은 망가지게 됩니다. 바이마르 공화국은 의회민주주의였는데 히틀러가 의회를 허수아비로 만들어버렸으니 더 이상 의회민주주의 공화국이라 부를 수 없게 된 것이죠. 1933년 3월 24일은 우리가 꼭 기억해야 하는 날입니다. 히틀러와 나치당이 마침내 독일을 자기들 손아귀에 넣은 날이고 나치의 독재가 시작된 날이기 때문입니다. 그리고 실질적으로 2차 대전의 버튼이 눌린 날이기 때문입니다.

히틀러를 자기 손아귀에 넣고 조종할 꿈을 꾸었던 우파 정치인들은 오히려 히틀러에게 된통당한 것이고 이를 깨달은 건 수권법이 통과되고 난 직후였습니다. 히틀러는 드디어 그동안 숨겨왔던 발톱을 드러냅니다. 자신의 권한으로 나치당 이외에 독일 내 모든 정당은 인정하지 않는다는 법을 만들었습니다. 그 말은 나치당이 독일 의회 의석을 100% 다 차지했다는 말입니다. 그리고 히틀러를 이용하려고 머리를 굴렸던 파펜을 포함한 독일 우파 정치인들은 히틀러에 의해 모조리 숙청당했습니다. 아마 그때 파펜은 이런 생각을 하지 않았을까요? '내가 그동안 사람을 완전히 잘못 봤나?'

그런 상황에서 1934년 8월 2일, 고령의 허수아비 대통령 힌덴부르크 대통령이 사망했습니다. 그러자 히틀러는 또 수권법을 발동해서 독일 대통령과 총리를 합친 초강력한 권력의 자리를 만들어냅니다. 그것이 바로 '총통(Fuhrer)'입니다. 히틀러가 수권법을 이용해서 만든 총통은 대통령 권한, 당, 국방통수권 등을 한 사람이 차지하여 결국 누구도 건드릴 수 없이 막강해집니다. 이제 독일은 그야말로 히틀러의 손에 들어갔고, 이는 곧 독재 선언이었습니다.

히틀러, 독일 재무장 선언하다

독일을 나치 일당의 독재 국가로 만든 히틀러. 슬슬 더 본격적인 복수혈전을 준비합니다. 1차 대전이 끝난 1919년 6월 28일, 독일 대표가 프랑스 파리의 베르사유 궁전 거울의 방으로 끌려가 항복 문서에 사인했던 일이 베르사유 조약이었죠. 히틀러에게도 독일의 패전은 참을 수 없는 굴욕이었고요. 특히 조약의 조건들이 말도 안 되는 조건들이었지요. 일단 독일은 모든 해외 식민지를 포기해야 했고, 또 10만 명 이상의 육군은 보유할 수 없었고 공군과 잠수함도 가질 수 없었으니까요. 독일을 '다시는 전쟁을 치를 수 없는 나라'로 만들었던 게 베르사유 조약이었지요.

히틀러는 1935년 3월 16일, 이 베르사유 조약을 파기하겠다고 일방적인 선언을 합니다. 패전국으로서 국제 사회, 승전국에 약속한 사항을 일방적으로 깨뜨린 것입니다. 면전에서 합의서를 찢은 거나 마찬가지인 채로 독일군 재무장 또한 선언합니다.

잠시 1차 대전을 짚고 넘어가자면, 전쟁이 끝난 후에 옛 서부전선이 있었던 곳, 우리나라의 비무장 지대와 비슷한 '라인란트(Rheinland) 지대'가 만들어졌어요. 말 그대로 프랑스와 독일 사이에서 완충지대 역할을 하던 곳이었습니다. 그런데 히틀러는 독일군 재무장을 선언하고 1936년 3월 7일, 비무장 지대에 독일군을 보내서 점령합니다! '다시 한번 붙어보자'라는 무력시위이기도 했어요. 그런데 프랑스와 영국 등 옛 연합국의 반응은 어땠을까요?

가만히 있었습니다. 정말 아무 반응 없었어요. 그때까지는 히틀러가 아무리 무력시위를 해도 설마 또 수천만 명이 목숨을 잃는 세계대전을 또 일으킬까 싶었던 거죠. '히틀러 본인도 1차 대전 참전하면서 그 참상을 눈

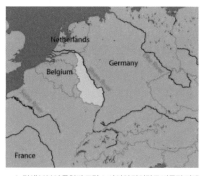

노란색 부분이 독일과 프랑스 사이의 라인란트 비무장 지대

으로 직접 봤을 텐데, 전쟁을 일으키겠어'라는 안일한 생각을 한 것이죠. 설마 히틀러가 그 정도로 미친놈은 아닐 거라는 생각도 했을 테고요. 하지만 예상보다 더 미친놈이었죠.

다른 이유로는 독일을 제압할 일이 없었기 때문입니다. 영국과 프랑스가 1차 대전 승전국이긴 했어도 피해를 본 정도는 독일보다 더하면 더했지 덜하진 않았을 정도로 어마어마한 피해를 입었거든요. 독일이 침공해도 당장 맞서 싸울 여력이 없었던 겁니다. 미국은 무얼 했냐고요? 대공황 때문에 코가 석자여서 자기 앞가림하기도 어려웠던 시절이었어요.

어라? 라인란트 비무장지대를 점령했는데 영국과 프랑스가 가만히 있네? 히틀러는 크게 고무됐습니다. 기 싸움에서 자신이 이겼다고 생각한 것이죠. 그리고 이제 꺼릴 것 없이 대놓고 군수공장들을 다시 가동하기 시작했습니다. 다시 탱크, 전투기 들을 찍어내기 시작한 겁니다. 경제재건과 일자리 창출을 군수산업재건을 통해 얻으려 했어요. 그리고! 더 거대안 계획 하나를 세우게 됩니다. 그 이름하여 '레벤스라움(Lebensraum) 구상'입니다.

레벤스라움은 독일어로 '살 공간'이란 뜻인데 히틀러는 이 계획하에 유럽 전역에서 게르만 민족이 살 땅을 대규모로 확보하겠다는 겁니다. 즉 1차 대전 때 빼앗긴 땅을 포함해서 유럽 땅을 다 빼앗아 게르만 민족이 사는 '대게르만 제국'을 세우겠다는 허무맹랑한 생각을 하기 시작한 것이죠. 스칸다나비아반도, 러시아 일부, 오스트리아 그리고 동유럽 전체를 다 집어삼킨 후 게르만 제국을 만들겠다는 계획이었습니다! 황당한 계획이지만 탄력받은 히틀러는 바로 실행에 옮깁니다. 첫 대상은 자기의 고향인 오스트리아였어요. 기억하시죠? 히틀러는 독일인이 아니었어요. 오스트리아 사람이었습니다.

독일, 오스트리아를 합병하다

1938년, 히틀러는 당시 오스트리아 총리에게 '합병'을 제안했어요. 실제 자신의 고향이기도 하고 같은 독일어를 쓰고, 같은 역사를 공유하는 독일과 오스트리아는 이제 한 나라가 되어야 한다는 논리였습니다. 그런데 아무리 같은 언어를 쓰더라도, 각각 분명히 다른 나라잖아요. 말이 합병이지 '좋은 말로 할 때 빨리 너희 나라 내놔라'는 식의 날강도 같은 요구였지요. 그래서 독일과 합병에 주저하던 오스트리아 총리는 '일단 국민투표를 해서 국민의 뜻을 묻겠다'라고 합니다. 이 일이 히틀러를 격분시켰습니다. 좋게 합병해주려고 제안했건만, 말이 통하지 않자 무력 점령을 시도합니다.

1938년 3월 12일, 히틀러의 명령을 받은 독일군은 오스트리아 국경을 넘었습니다. 무력침공이지요. 그런데 최소한의 반격이라도 있을 줄 알았는데 오스트리아 국민들은 오히려 히틀러의 나치 독일군을 열렬히 환영해주었습니다. 특히 수도 빈에 들어가서 보니 오스트리아군 모두가 그들의 본래 군복을 벗고 나치 군복을 입고는 히틀러를 환영해주는 것이었습니다!

나치군이 오스트리아 국민들의 환영을 받으며 빈으로 진군해 들어가고 있다

히틀러는 3월 15일 빈 수도 광장에 모인 수십 만의 오스트리아 국민들 앞에서 연설했어요. '저는 이 자리에 독일 총통 자격으로 섰습니다. 오늘부로 나의 조국 오스트리아는 독일의 품에 안겼음을 선포합니다!'라고 말이지요. 히틀러가 고국 오스트리아를 피 한방울 안 흘리고 차지한 순간이었어요. 당시 독일이 오스트리아를 꿀꺽하는 과정에서 혼돈에 빠진 오스트리아군 수뇌부의 갈등을 그린 영화가 바로 뮤지컬 〈사운드 오브 뮤직〉(The Sound of Music, 1965)입니다. 세계사적 관점에서 다시 보면 도움이 되겠죠?

이런 히틀러의 거침없는 유럽 땅따먹기에 대해 당시 독일군 수뇌부에서도 우려하긴 했어요. 자칫 잘못하면 또 영국과 프랑스를 자극해서 또

빈의 헬덴 광장에서 독일-오스트리아 합병을 선언하는 히틀러

다시 전쟁이 일어날 수도 있다는 걱정이었지요. 하지만 이번에도 영국과 프랑스는 얌전히 있었습니다. 이 땅따먹기에 개입해서 히틀러를 저지할 여력도 형편도 안 되던 상황이었기 때문입니다. 탄력 받은 히틀러는 더욱 신이 났지요. 그리고 본격적으로 오스트리아 다음 먹잇감을 찾기 시작합니다. 다름 아닌 체코슬로바키아였습니다.

역사상 최악의 평화조약에 서명하는 영국

당시 체코슬로바키아는 독일의 복부를 쑥 밀고 들어온 형태였어요. 그 가운데서 맨 서쪽 지역이 '주데텐란드(Sudetenland)'라고 불리는 지역이었는데 주민 대다수가 독일계였어요. 히틀러는 여기서도 오스트

체코의 서쪽 지역이었던 주데텐란드. 독일계 주민들은 대부분 체코로 편입되었다

리아 합병 때와 똑같은 논리를 펼칩니다. 주데텐란트 주민 대부분이 게
르만족이니까 레벤스라움에 동참해야 한다는 논리였죠. 이렇게 계속되
는 히틀러의 유럽 땅따먹기를 영국을 포함한 연합국은 더 두고 볼 수가
없었어요.

그래서 1938년 9월, 영국, 프랑스 등 연합국 대표들이 독일 뮌헨으로
날아가 독일과 협상을 벌입니다. 독일이 왜 그러는지를 묻고, 적당히 하
라는 식의 요구를 하러 간 겁니다. 당시 영국 총리였던 체임벌린이 협상
을 중재했는데 중재안은 '그래, 독일 너네들이 주데텐란드를 가져가라.
그런데 거기까지다. 더 이상 체코슬로바키아를 건드리지 말고 좀 둬라!'
는 내용이었어요. 독일은 일단 동의를 했습니다.

이 상징적인 사건을 '1938년 뮌헨협정'이라고 불러요. 영국과 프랑스
가 왜 그리 저자세였냐면, 똑같은 이유에서였습니다. 1차 대전 후 자기들
도 독일을 저지할 여력이 없었던 겁니다. 하여간 독일과 뮌헨협정에 사

영국, 프랑스, 이탈리아 그리고 독일이 참여한 뮌헨 협정

인을 한 영국의 체임벌린 총리는 런던에 도착해서 영국인들의 열렬한 환영을 받았어요. 신이 난 체임벌린은 히틀러가 직접 사인을 한 협정서를 기자들 앞에서 흔들면서 '내가 독일과 협상을 해서 유럽의 평화를 가져왔다!' 소리쳤습니다. 그러나 불과 6개월 후에 히틀러가 나머지 체코슬로바키아를 침공하면서 그 협정서는 휴지 조각이 되고 맙니다. 체임벌린이 제대로 뒤통수 맞은 거였어요.

　나중에 역사가들은 체임벌린의 이런 짓을 '유화정책(appeasement)'이라고 부릅니다. 즉 '돈 주고 산 평화'란 말이지요. 하여간 이 뮌헨협정은 역사상 최악의 사기협정이란 오명까지 뒤집어씁니다. 영국 총리가 독일 땅 뮌헨에까지 가서 합의했는데 결국 독일에게 사기당했다는 거죠. 더 황당한 건 협상 과정에서 '땅 주인' 체코슬로바키아 정부 대표는 초대도 받지 못했다는 겁니다.

히틀러, 스탈린과
손을 잡다

　이제 오스트리아, 체코슬로바키아 다음으로 폴란드가 히틀러의 눈에 들어왔어요. 폴란드를 침공할 나름대로의 명분은 있었어요. 폴란드의 일부 지역은 독일 땅이었는데 1차 대전 때 패전한 이후 폴란드에 다시 내어주었거든요. 히틀러는 그 땅을 원래 주인인 독일에게 돌려달라고 요구한 것입니다. 여러분이 만일 폴란드 정부라면 '어이쿠, 암요! 당연히 돌려 드려야죠' 하고 그 땅을 돌려줬을까요? 어림없죠.

　히틀러는 다 계획이 있었던 겁니다. 분명히 폴란드는 땅 반환을 거부할 테고, 그것을 명분 삼아서 폴란드를 침공하겠다는 구상까지 해두었던 것이죠. 예상대로 폴란드는 완강히 거부했어요. 절대 우리 땅을 내놓을 수 없다고 하면서요. 히틀러는 예정대로 폴란드 침공을 준비합니다. 그런데 폴란드 오른쪽에 있는 나라가 신경 쓰였어요. 바로 옛날엔 러시아, 당시 소련이라는 이름으로 스탈린이 통치하던 나라였어요.

　이렇게 영토 확장을 하다가 만약 1차 대전 때처럼 프랑스와 또 전쟁을 해야 하는 상황에서 소련까지 전쟁에 끼어든다면 1차 대전 때의 서부전선, 동부전선의 악몽이 재현되는 것이었죠. 히틀러에겐 또 최악의 시나리오였고요. 히틀러는 소련의 스탈린과 비밀 협상을 추진했어요. 두 나라 사이에 끼어 있는 폴란드를 독일, 소련 두 나라가 반반씩 사이좋게 침공하고 서로 불가침 조약을 맺자는 내용이었습니다. 폴란드 서쪽은 독일, 동쪽은 소련이 차지하는 거죠. 소련의 스탈린도 손해 보는 협상은 아니었지요. 영국과 프랑스와 같은 서방 자본주의 국가와 손을 잡느니 차라리 히틀러와 손잡는 것도 나쁘지 않겠다고 여긴 거죠. 게다가 폴란드도 반을 떼어준다고 하니 아주 손해보는 딜은 아니라고 여겼을 거고요. 그래서 독일과 소련 두 나라는 1939년 8월 23일 '독소 불가

독소불가침 조약문에 서명하는 소련 외무부장관, 뒤에는 독일 외무장관인 리벤트로프, 스탈린이 있다

침 조약'을 맺게 됩니다. 독일과 소련은 어떤 일이 있어도 서로에게 공격을 안 하겠다는 조약이었죠. 스탈린도 나중에 전체 유럽을 히틀러와 반씩 나누자는 생각을 했습니다. 물론 다행히 그런 일은 일어나진 않았지만요.

히틀러는 정말 무서울 게 없었어요. 가장 무서운 잠재적 적인 소련이 독일 편이 되었는데 뭐가 무섭겠습니까? 적어도 영국과 프랑스를 상대할 동안 등에 칼 맞을 일은 없는 거죠. 그러면 영국, 프랑스는 도대체 독일과 소련이 손을 잡는 동안 뭘 하고 있었느냐 하면 그들도 독일이 소련과 손을 잡기 전에 먼저 소련과 협상하려고 했습니다. 1차 대전 당시 세 나라(영, 프, 러)는 동맹 관계였잖아요.

그런데 큰 걸림돌이 있었습니다. 이제는 협상 상대가 러시아가 아닌 '소련'이라는 점이었죠. 영국과 프랑스의 국내 여론이 '아니! 협상할 나

라가 없어 공산국이랑 협상을 해? 말도 안 돼!'라는 분위기였답니다. 아시죠? 러시아는 1917년 볼셰비키 혁명 이후에 공산국가가 된 상태였다는 것을요. 그렇게 영국과 프랑스 정부는 국내 여론 눈치를 살피다가 소련과 손을 잡을 골든타임을 놓치고 맙니다. 하여간 독일은 소련과 불가침 조약을 맺음으로써 이제 마음 놓고 독일과 소련 중간에 끼어 있던 먹잇감인 폴란드를 침공할 수 있게 된 겁니다.

마침내 터져버린 2차 대전

1939년 8월 29일. 독일은 폴란드에게 '원래 독일 영토인 너희 땅, 좋은 말할 때 독일에게 돌려줘. 이거 마지막 경고야!'라는 최후통첩을 보냈습니다. 당연히 폴란드는 단호하게 거부했지요. 독일은 더 본격적으로 폴란드 '무력' 침공을 준비합니다. 이것이 가장 중요한 포인트예요. 독일은 지금까지 오스트리아, 체코슬로바키아의 주데텐란트 등은 평화롭게 피 한방울 안 흘리고 접수했잖아요. 만일 폴란드를 무력 침공한다면 그것은 또 다른 전쟁의 시작이 되는 것이었습니다. 결국 1939년 9월 1일, "할머니가 돌아가셨다"라는 선제공격 암호에 따라 나치 독일의 기계화 부대, 즉 탱크들이 일제히 폴란드 국경을 넘었습니다. 바로 2차 대전의 공식적인 시작이었습니다. 꼭 기억하세요. 1939년 9월 1일, 세계는 또 다른 세계대전의 시작을 목도하고 있었습니다. 히틀러라는 한 사람의 야욕 때문에요.

폴란드는 어이없게도 독일의 침공에 2주 만에 무너집니다. 첫 번째 이유는 독일군의 막강한 화력 때문이었어요. 히틀러는 폴란드 침공에 기계화 탱크 2,300대, 전투기 2,500대를 총동원했습니다. 히틀러가 독일 군수산업 육성에 올인한 결과였어요. 물론 폴란드군도 탱크 등 기계화 부대의 무기가 만만치 않았어요. 하지만 독일의 총공세엔 밀릴 수밖에 없던 상황이었고 결정적으로 두 나라 간의 공군력 차이가 너무 났던 것이죠. 아시죠? 현대전은 공군력으로 결정된다는 것을요? 우리가 '슈투카(Stuka)'라고 부르는 독일의 Ju87 급강하 폭격기(하늘 위에서 아래로 내리꽂히면서 폭탄을 투하하는 폭격기)는 당시 폴란드인들은 태어나서 처음 보는 공포의 전폭기였어요. 이 슈투카 전투기는 '공포의 사이렌'이라 불리는데요. 그 이유는 하늘에서 땅으로 급강하할 때 사이렌 소리가 나서 그런 별명이 붙었답니다.

하여간 양과 질에서 앞선 탱크, 게다가 슈투카라는 괴물 전투기까지 가지고 있던 독일군에게 폴란드군은 속절없이 당하고 말아요. 계속 밀리던 폴란드는 9월 17일, 동쪽에서 갑자기 밀어닥친 60만 소련 대군 앞에 무릎을 꿇게 됩니다. 양옆에서 군사 강대국들이 샌드위치로 공격을 하는데 무슨 수로 당하겠어요.

영국과 프랑스도 이번엔 그냥 넘어가지 않았어요. 독일이

공포의 사이렌이라는 별명이 붙었던 독일의 폭격기 슈투카

폴란드를 침공한 지 이틀 뒤인 1939년 9월 3일, 독일에 선전포고했어요. 하지만 그게 다였습니다. 정말 선전포고만 하고 가만히 지켜보고 있었어요. 1차 대전 참호전의 트라우마가 영국과 프랑스에게 아직 남아있었던 겁니다. 막상 다시 서부전선을 만들고 독일로 진군해 들어갈 엄두가 안 났던 거예요. 역사에서는 이렇게 어영부영 지나간 세월을 '가짜 전쟁(Phony War)'이라고 기록해두었답니다. 말로는 폴란드를 돕겠다고 했지만 행동으로 옮기지는 못했던 것이죠. 이런 가짜 전쟁 상태가 다음 해인 1940년 5월까지 계속됩니다.

이 부분에서 영국과 프랑스가 아직까지 비판 아닌 비판을 받습니다. 만일 그때 조금 더 용기 내서 독일의 서부전선을 치고 들어갔다면 대부분 병력을 동부전선, 그러니까 폴란드에 올인하던 히틀러는 큰 타격을 입었을 것이고, 2차 대전으로 확전은 안 되었을 테니까요. 하지만 이제 아실 겁니다. 역사에 '만약에(what if)'는 없다는 사실을요. 자, 여기서 퀴즈. 독일은 오른쪽의 폴란드를 이제 꿀꺽했어요. 독일의 다음 목표는 어디일까요? ❶ 프랑스 ❷ 소련 ❸ 리비아 정답은 다음 장에서 공개합니다!

마지노선이란 무엇인가?

독일은 결국, 폴란드를 무력으로 점령했습니다. 그렇게 본격적으로 무시무시한 2차 대전의 문을 열었지요. 다음 목표는 전 세계가 알고 있었을 겁니다. 프랑스죠. 히틀러는 프랑스에 대해 극한의 증오와 원한을 가지고 있었어요. 1차 대전이 독일과 프랑스가 프랑스 땅에서 싸운 전쟁이었잖아요. 또 굴욕스러운 독일 항복 조약도 파리의 베르사유 궁전에서 이뤄졌고요. 히틀러는 자신이 그렇게 자랑스럽게 생각한 독일에 모욕감을 준 프랑스를 절대로 용서할 수 없었습니다. 뒤에 가서 다시 언급하겠지만 히틀러는 프랑스의 주요 도시들이 나치에 점령될 때마다 전용기를 타고 하늘에서 그 광경을 지켜보며 짜릿함을 느꼈다고 하지요. 자, 드디어 히틀러는 본격적으로 복수혈전을 시작합니다. 프랑스 침공이지요! 하지만 프랑스는 든든하게 믿는 구석이 하나 있었습니다.

그것은 바로 프랑스의 '마지노선(Maginot Line)'이었습니다. 우리가 '이게 우리의 마지노선이야!'라고 할 때의 그 단어죠. 일본어인 '미즈노(성, 물결, 물가 등의 뜻이 있다)'에서 온 말이라고 알고 있을 수도 있지만, 이 마지노선은 프랑스의 국방부 장관이던 앙드레 마지노(André Maginot)가 만든 프랑스 서부전선 방어선 이름입니다. 1차 대전 당시 서부전선의 생지옥을 경험했던 프랑스는 혹시 나중에 또 독일과 전쟁을 치르는 일이 생기더라도 '서부전선 참호전'의 악몽만큼은 피하고 싶어서 1927년부터 마지노선을 건설하기 시작했어요.

마지노선을 고안한 당시
프랑스 국방장관 앙드레 마지노

이 방어선은 프랑스와 독일 국경을 따라 즉, 옛 서부전선을 따라 약 800킬로미터를 북에서 남으로 땅을 파서 지하에 건설한 지하 요새였습니다. 요새 안에서 자급자족이 가능한 지하 도시로 꾸렸고, 웬만한 폭격에는 끄떡없게 만든 데다 대공포와 장거리포 등을 촘촘히 설치해서 당시로선 독일 공격으로부터 프랑스를 지켜줄 최고의 철통 방어선이었습니다.

솔직히 독일이 폴란드를 점령하고도 바로 프랑스로 진격하지 않고 몇 달 머뭇거린 이유도 이 마지노선 때문이었어요. 도저히 마지노선을 뚫을 엄두가 안 났던 것입니다. 마지노선으로 돌격한다는 것은 그야말로 자살 특공대가 되는 격이었습니다. 그런데 이 마지노선에 엄청난 반전이 있었습니다. 마지노선의 중간에 약 7킬로미터의 구멍이 뚫려 있던 것입니다! 거대한 마지노선 요새가 이어지다가 건설이 안 된 부분이 있던 거죠. 왜 그런 실수를 했을까요? 예산도 부족했거니와 '개구멍'처럼 뚫려 있는 지점이 '아르덴(Ardennes)'이라는 숲이 있는 지역으로 삼림이 굉장히 빽빽한 곳이었습니다. 그래서 프랑스는 이렇게 생각했어요. '저렇게 삼림이 빽빽한데 독일군이 통과하기 힘들 거야'라고요. 물론 독일군이 1차 대전처럼 보병으로 아르덴 숲을 뚫고 들어오려 했다면 불가능했을 겁니다.

하지만 이번엔 상황이 좀 달랐어요. 보병이 아니었습니다. 1940년 5월 10일, 나치 독일군은 기계화 부대, 즉 전차를 몰고 '개구멍' 아르덴 숲을 통과합니다. 서부전선이 와르르 무너진 순간이었습니다. 프랑스가 그렇게 공들여 만든 지하 요새 마지노선이 허무하게도 '헛돈 쓴 지하실'이 된 겁니다.

당시 프랑스군은 독일군이 1차 대전 때의 슐리펜 계획과 같이 '상대적으로 허술한' 벨기에를 통과해서 공격해올 거라고 예상했습니다. 그래서 프랑스군 주력 부대를 북쪽 벨기에 국경 지대에 배치해놓은 상태였어요. 실제로 벨기에 국경 너머엔 독일군이 공격 준비를 하고 있었어요. (물론 히틀러의 미끼 작전이었죠.) 그런데 이게 웬걸, 아르덴 숲 지대의 개구멍을 통해 독일군 주력부대가 물밀듯이 들어오는 것이 아닙니까!

　독일군이 얼마나 무서운 기세로 서부전선을 무너뜨리고 프랑스군을 짓밟았는지, 후에 이런 표현까지 나왔다고 합니다. '추풍낙엽처럼 쓰러지는 프랑스군의 시신은 독일에겐 그저 교통체증의 원인일 뿐이었다.' 구멍을 통해 프랑스로 들어온 독일군은 위로 치고 올라가면서 북쪽 벨기에 국경에서 독일군을 기다리고 있던 프랑스 주력 부대를 뒤에서 포위합니다. 히틀러는 이 모든 상황을 예측하고 있었습니다. 프랑스의 수를 다 읽은 것이지요. 프랑스를 속이기 위해 일부러 벨기에 국경 지대에 병력 일부분을 배치했던 거고요. 프랑스의 허점을 완벽하게 찌른 덕분에, 프랑스 주력군은 자기네 땅에서 독일군에게 앞뒤로 포위되는 상황을 맞이하고 맙니다.

영화 〈덩케르트〉는 실화다

　꼼짝없이 독 안에 갇힌 쥐가 되어버린 프랑스 주력군. 그런데 그곳엔 프랑스군만 있던 게 아니라 이미 바다를 건너온 영국군도 있었습니다. 프랑스군 14만에 영국군 19만을 합치면 총 33만 명이 오도 가도 못하는 상황이 된 것이죠. 프랑스 본토에서는 이들을 구하기 위한 방법을 고민했지만 신통치 않았습니다. 군 물자 보급을 위해서는 독일군에 맞서야 하는데 세계 최강의 탱크 기계화 부대를 뚫을 방법이 없었던 겁니다. 영국도 마찬가지였어요. 꼼짝없이 갇힌 영국군을 빼내기 위해 구조 병력을 보낸다면 그들 역시 포로가 될 상황이었죠.

이제 남은 선택은 딱 하나밖에 없었습니다. 싸움 없이 33만 명을 탈출시키는 것이었죠. 영국으로서는 더 심각한 문제가 있었다면, 그곳에 있던 19만 명이 영국 육군의 전부였다는 사실입니다. 이들이 전멸한다면 영국은 그야말로 '새'되는 것이었죠. 연합군 수뇌부는 갇혀 있던 병사들에게 프랑스와 벨기에 접경에 있는 해안 도시에 집결하라는 명령을 내립니다. 그 해안 도시가 바로 '덩케르크(Dunkirk)'였고요, 크리스토퍼 놀런 감독의 〈덩케르크〉가 2차 대전의 프랑스 영국 연합군 구출 작전을 그린 영화입니다.

1940년 5월 26일, 덩케르크에 집합한 연합군 병사들, 특히 영국군의 탈출 작전이 시작되었습니다. 그러나 그 많은 병사를 한꺼번에 해안에서 탈출시키기에는 배가 턱없이 부족했어요. 바로 그때, 기적이 일어납니다. 수많은 민간 선박, 어선, 통통배, 심지어 귀족들의 호화 요트, 유람선 등 거의 700척에 가까운 선박들이 덩케르크 해안의 군인들에게 오는 것이 아닙니까! 그들은 모두 자발적으로 병사들을 구하기 위해 영국 본토에서 갖은 위험을 뚫고 출발한 배들이었어요. 민간 선박들은 배가 꽉 찰 때까지 병사들을 태웠고, 또 어떤 어선들은 정원의 30배가 넘는 병사들을 싣고 출발해서 무사히 영국 땅에 돌아옵니다. 결과는 대성공이었죠.

덩케르크에서 탈출하는 영국군 병사들이 보트로 몰려가고 있다

젊은 병사들을 구하기 위해 민간인들이 달려 왔다는 점에서 감동적인 일화이기도 하고요.

총 9일간의 민군합동 탈출 작전으로 무려 총 33만 8,226명의 병사는 덩케르크에서 무사히 벗어나게 됩니다. 놀런 감독의 영화 또한 수작이니, 잠시 책을 덮고 영화를 보고 오기를 추천합니다.

그런데 이 수많은 병력이 탈출할 때 독일군은 도대체 뭘하고 있었던 걸까요? 가만히 구경만 하고 있었을까요? 마음만 먹었으면 탱크로 해안가에 갇힌 33만 명의 적군을 한순간에 전멸시킬 수도 있었는데 말이죠. 추후 이때 독일군이 공격을 하지 않은 일은 히틀러의 가장 큰 실수라는 평가를 받게 됩니다. 그때 연합군, 특히 영국 육군 주력 부대만 공격했어도 히틀러에게 2차 대전의 승리가 돌아갔을 겁니다. 그렇다면 히틀러는 왜 공격 명령을 내리지 않았을까요? (정확한 기록이 남아 있지는 않지만) 히틀러에게 직접 물어본 사람이 없었는지 다음과 같은 가설이 있습니다.

기갑부대, 즉 탱크가 서부전선을 가볍게 뚫고 프랑스 안으로 진군해 들어왔지만 그 속도가 너무 빨랐다는 겁니다. 아무리 천하무적의 탱크라도 연료 등 보급을 받아야 움직일 수 있는 것 아닙니까? 그래서 히틀러는 보급이 끊긴 기갑부대가 프랑스 안에서 고립되는 것을 두려워한 나머지 진격 명령을 중단시켰다는 것이 가장 유력한 가설입니다. 또 이러한 얘기도 있습니다. 히틀러가 영국과의 평화협정을 위해서 영국군을 자비롭게 풀어줬다 라는 가설입니다. 1차 대전 참전 용사였던 히틀러가 느낀 점은 '대륙 일은 대륙 사람들끼리 알아서 처리해야지. 영국이 개입하는 순간, 모든 일이 다 꼬인다'라는 점이었다고요. 그래서 영국군에게 도망갈 기회를 주고 돌아가게 만들어서 다시는 대륙으로 넘어 오지 않게 하려는 일종의 평화적 제스처였다는 설입니다. 하여간 히틀러는 덩케르크에 대한 진격 중지 명령을 내렸고, 이 결정은 이후 히틀러가 2차 대전에서 참패하게 되는 불행의 씨앗이 됩니다.

스탈린의 등에 칼 꽂은 히틀러

1940년 6월 14일, 히틀러의 나치 독일군 기갑 부대 탱크들이 프랑스 수도 파리에 입성합니다. 그리고 개선문 앞에서는 나치군이 행진했

파리 점령 직후, 히틀러는 사령관들과 에펠탑 앞에서 기념 촬영을 했다

어요. 1871년 비스마르크의 프로이센군 파리 행진 이후로 두 번째 행진이었습니다. 서부선전을 무섭게 돌파한 후 덩케르크에서 연합군을 순식간에 무력화시킨 히틀러의 군대를 막을 수는 없어보였습니다. 프랑스 정부는 아예 파리에서 빠져나간 후 와인으로 유명한 보르도 지역으로 옮겨가 임시 수도를 세울 정도였습니다.

파리를 점령한 나치 병사들은 마치 관광객처럼 카메라를 들고 파리 시내를 돌아다니며 서로 사진을 찍어주는 등 여유를 부렸습니다. 히틀러도 에펠탑을 배경으로 기념사진을 찍었습니다. 6월 14일 당일, 독일의 라디오에서는 승전가가 흘러나왔고 독일 전국의 교회들은 승리의 종을 울렸어요. 1차 대전 시기에 4년이라는 시간 동안 수천만 명을 희생시키고도 손에 넣지 못했던 파리인데, 이번에는 단 4주 만에 번개같이 점령했으니 얼마나 기뻤을까요.

나치군이 파리를 점령하자마자 히틀러는 한 가지 일을 실행합니다. 앞서 1차 대전 이야기를 다시 언급해보겠습니다. 독일이 패전했을 당시 프랑스가 열차에 독일 대통령을 태우고 숲속으로 보내서 항복 문서에 사인하게 시키고, 다시 파리로 돌아가서 시민들에게 보이기 위해 열차를 전시했다는 걸요.

히틀러는 이제 열차가 보관되어 있던 건물 벽을 부수고 그 열차를 다시 바깥으로 보냈고, 이번엔 프랑스가 열차 안에서 독일에게 굴복했다는 강화조약에 서명하게 했어요. 히틀러 입장에선 통쾌한 복수였죠. 기고만장해진 히틀러는 곰곰이 생각해봤어요. 1차 대전 때 그렇게 독일을 괴롭혔던 서부전선도 무너졌고, 강력한 프랑스 육군은 이제 거의 사라졌고, 영국군은 배 타고 본국으로 도망간 상황이잖아요. 간단히 말해서 이제 서부 유럽은 거의 다 히틀러의 손아귀에 들어온 상태였던 거죠. 히틀러는 슬슬 욕심이 생깁니다. 동쪽의 소련까지 차지하고픈 마음이었지요. 그런데 문제가 있었습니다. 독일과 소련은 불가침 조약을 맺은 상태였어요.

이때 히틀러에게 희소식이 하나 들어옵니다. 스탈린이 소련 내 권력을 잡는 과정 중에 군부에서 무려 3만 명이 넘는 군 간부를 대대적으로 숙청했다는 소식이었어요. 군 지휘관이 전부 숙청당했다는 것은 바꿔 말하면 '전쟁 수행 능력'이 없어졌다는 소리와 같은 것이었죠. 당연하죠. 병사들을 지휘할 '브레인'들이 없어졌다는 말이니까요. 그래서 히틀러는 결심했어요. 독소 불가침 조약서를 완전히 찢고서 소련 침공을 결정하기에 이릅니다.

전쟁 속의 전쟁
독소전쟁

1941년 6월 22일, 히틀러는 전격적으로 소련에 침공합니다. 바로 2차 대전 안의 또 다른 대전, 독소전쟁의 시작이었습니다. 솔직히 히틀러도 알고 있었습니다. 이 유럽 땅에서 소련과 독일이라는 강대국이 공존할 수 없다는 사실을요. 둘 중 하나는 끝장나야 한다는 걸 미리 알았습니다. 그런 생각을 하고 있던 히틀러에게 서부전선에서의 어마어마한 승리는, 지금이 기회다 하는 자신감을 준 것이죠. 그런데 히틀러의 참모들은 모두 그를 말렸어요. 미친 짓이라고요. 참모들은 '바다 건너 영국이 다시 정신 차리고 덤벼들면 감당 못 한다'라며 히틀러를 설득하려고 했습니다. 그러자 히틀러는 '나도 그 정도는 알아. 그런데 말이야. 영국이 다시 본격적으로 참전하기 전에 소련을 끝장내면 되잖아. 그러면 영국도 겁먹고 자기들이 먼저 협상하자고 나올걸. 이번엔 가능해'라고 말입니다. 스탈린이 군 지휘관들을 다 숙청해서 그들은 오합지졸 군대라고 반박한 것입니다.

히틀러의 소련 침공은 기습적이었어요. 즉 스탈린은 히틀러의 침공을 전혀 예측 못하고 있었고요. 모든 싸움에서 가장 중요한 건 '선빵'입니다. 50%의 승률을 먹고 들어가지요. 6월 22일, 전격적인 침공 명령이 내려지자마자 독일군은 국경지대에 있던 6,000문의 대포를 일제히 소련 쪽으로 발사합니다. 그리고 독일 공군 전투기들은 아직 이륙도 못하고 있

모스크바 전선에서 추위에 시달리는 독일 병사들

던 소련 전투기를 무려 1,200대나 격파합니다. 독일군의 기갑 부대는 이제 수도 모스크바를 향해 빠르게 진군해 나갔고요. 그런데 갑자기 히틀러가 모스크바 바로 앞까지 간 독일군에게 정지 명령을 내립니다. 진군을 중단시킨 히틀러는 모스크바 밑에 있는 우크라이나를 먼저 정리하라는 명령을 내려요. 히틀러는 이렇게 생각했어요. '후방 우크라이나의 소련군을 먼저 정리하지 않은 상태에서 모스크바를 치면, 소련군이 뒤에서 역으로 우리를 칠 수 있다'라는 신중론이었죠. 결과적으로 이 재빨랐던 우크라이나 침공은 큰 실수가 되었습니다.

6월 22일에 국경을 넘은 독일군은 모스크바 앞까지 갔다가 '차를 돌려' 다시 남쪽의 우크라이나로 내려가 공격을 개시합니다. 그리고 그해 8월 25일, 독일은 우크라이나를 공격하고 하루 만에 함락합니다. 그리고 다시 독일군이 모스크바에 도착한 때는 10월이었습니다. 러시아의 초겨울이 시작되는 시기였습니다. 독일군을 기다리고 있던 건 어마어마하게 추운 모스크바의 날씨뿐이었죠. 정말 추울 때는 영하 40도까지 떨어지는 그 혹독한 겨울을 나기 위해, 러시아인들이 독한 보드카를 즐겨 마시는 게 아닐까 합니다.

히틀러의 독일군은 소련 최강의 정예부대와 일전을 벌여야 하는 상황에 맞닥뜨립니다. 그 정예부대는 바로 소련의 '동(冬)장군'이었습니다. 세계 최강을 자랑하던 독일군 기갑 부대의 탱크들은 겨울비가 얼어붙기 시작한 진흙탕 앞에서 속수무책이 되고 말았어요. 그리고 독일군이 우크라이나를 침공하고 온 사이 모스크바의 소련군도 철통 방어를 마친 상태였고요. 독일군의 모스크바 점령은 실패합니다. 150년 전 나폴레옹이 모스크바를 점령하려다 실패한 것도 이 무시무시한 모스크바의 추위 때문이었는데 히틀러가 그 전철을 밟은 것이죠.

사상 최악의 살육전 '스탈린그라드 전투'

모스크바 점령에 실패한 히틀러는 생각을 바꿉니다. '그래, 모스크바는 다음에 다시 공격하면 되고, 대신 소련의 유전지대를 차지해야지'라는 것이었죠. 어찌 보면 상당히 현실적인 생각이었습니다. 전쟁도 탱크에 넣을 기름이 있어야 계속 이어갈 수 있으니까요. 그러면서 한 도시를 목표로 정합니다. 바로 스탈린그라드(Stalingrad)였습니다. 현재는 볼고그라드(Volgograd)라고 불리는 도시지요. 2018년 러시아 월드컵 개최 도시 중 하나였고 장대높이뛰기 선수 이신바예바도 스탈린그라드 출신입니다. 스탈린그라드는 유럽 중심부가 아닌 거의 중앙아시아에 가까운 남쪽에 있습니다. 내륙 안에 있는 가장 큰 바다인 카스피해 바로 위에 있지요.

히틀러로서는 특단의 조치를 내린 겁니다. 수도 모스크바를 공략하는 대신 군대를 확 남쪽으로 돌려서 소련의 유전지대를 장악하기로 한 것이지요. 소련으로서도 스탈린그라드는 상징성 있는 도시였어요. 이름에 '스탈린'이 들어가게 된 이유가 있었죠. 이 도시에 애착을 느꼈던 스탈린은 소련에서 가장 살기 좋은 도시로 만들겠다는 목표를 세웠고, 1925년에 자기 이름을 딴 도시 이름을 지은 거죠. 그 말인즉슨, 소련에게 이 도시만큼은 절대 포기할 수 없는 곳이었기에 반드시 사수하겠다는 결정을 내립니다.

인류 역사상 단일 전투로는 가장 많은 수의 사상자를 낸 비극적인 살육전, 스탈린그라드 전투의 서막이 오릅니다. 1942년 7월 17일부터 1943년 2월 2일까지 치러진 이 전투의 공식적인 독일군 수는 40만 명, 소련군은 100만 명 이상이었어요. 이 한 번의 전투로 대부분 군인이 전사했고요. 민간인 희생자까지 합쳐 총 200만 명 이상이 희생되었다고 해요. 전투가 얼마나 참혹했는지, 당시 기록을 살펴보면 독일군은 7초에 한 명씩 죽고, 소련군은 6살짜리 아이에게도 총을 쥐여주고 전쟁터에 밀어 넣었다고 합니다.

영화 〈에너미 앳 더 게이트〉(The Enemy At The Gates, 2001)가 바로 이 전투를 다루고 있습니다. 스탈린그라드에서의 독일군과 소련군의 공방을 그린 영화인데, 이 전투의 참혹함을 가늠할 수 있는 수작입니다.

전투가 개시되자 독일군 기갑
부대는 무서운 기세로 소련군을
몰아붙였어요. 독일 공군 전투
기 수천 대가 융단폭격으로 도
시를 초토화했습니다. 소련군은
밀리기 시작했지만 더 이상 후
퇴도 할 수 없는 상황이었어요.
왜? 도시 바로 뒤에 '볼가강'이
란 큰 강이 흐르고 있었기에, 뒤

러시아 남서쪽에 있는 도시로, 붉은색 지역이
스탈린그라드(현 볼고그라드)

로 밀리던 소련군은 죽기 살기로 앞으로 나가서 독일군과 맞서 싸우든지
아니면 뒤에 흐르는 볼가강에 뛰어들어 빠져 죽든지, 선택지가 둘뿐이었
답니다. 그들의 결정은? 앞으로 나가 싸우다 죽자는 것이었습니다. 일명
'배수의 진'이었지요. 물론 볼가강으로 도주를 시도한 소련군 병사들도
많았습니다. 그럴 때 소련군 장교들이 '조국의 배신자!'라고 외치며 물에
들어간 도망병들을 다 사살할 정도였고요.

'싸우다 죽자!'를 외치며 다시 시내로 들어온 소련군 병사들은 도심 건
물 곳곳에 숨어서 진격해 들어오는 독일군과 치열한 시가전을 벌였습니
다. 이제 소련군과 독일군 모두 공습(空襲)조차 할 수 없었습니다. 도심
안에서 양측 군대가 뒤섞여 싸우고 있어서 공중에서 정확히 어떤 한쪽을
공격할 수 없었던 거죠.

전투가 더욱 치열해지자 독일과 소련은 마지막 남은 힘을 쥐어짜듯 '모
든 화력'을 집중시키며 공방을 벌였습니다. 이제 자존심 싸움까지 치달

스탈린그라드 전투 당시 시가전을 벌이는 독일군과 소련군

게 된 것이지요. 히틀러도 스탈린의 이름을 딴 스탈린그라드를 절대 포기할 수 없게 되었습니다. 여기서 지면 전체 전쟁에서 진다는 생각이 들었어요. 보급이 끊긴 소련군의 상황이 특히 더 열악했습니다. 어느 정도였냐 하면 소총 하나를 가지고 2~3명이 돌려서 사용할 정도였습니다. 앞에서 총을 들고 뛰던 동료 병사가 죽으면 뒤에서 맨손으로 따라오던 병사가 그 총을 주워서 다시 쓰는 말도 안 되는 상황까지 온 것이죠.

스탈린그라드에서 몰살당하는 독일군

점점 '죽음의 블랙홀'로 변해가는 전투였습니다. 그리고 1942년 11월 19일이 되어 소련군은 새로 개발한 T-34 전차를 앞세우고 대대적인 반격에 들어갔습니다. 지원군이 도착한 겁니다. 이 T-34 탱크를 처음 본 독일군 장교들은 경악했어요. 하드웨어를 살펴보니 독일의 그 어떤 기갑 부대 전차도 당해낼 수 없는 극강의 전투력을 지닌 전차였기 때문입니다. 지금도 이 T-34 전차는 '소련을 구한 애국 전차'라는 칭송을 받고 있답니다. 하지만 우리 한국에겐 트라우마를 안겨준 전차예요. 1950년 6월 25일, 북한군이 바로 이 T-34 전차를 몰고 38선을 넘어와 한국전쟁이 일어났으니까요. 하여간 이 T-34 전차 덕분에 소련군의 대반격이 시작됩니다.

스탈린그라드 도심 안에서 전투를 벌이던 만 명의 독일군은 도시를 에워싼 소련군에 의해 말 그대로 독 안에 든 쥐가 되었습니다. 당시 스탈린그라드 총공세를 책임지던 독일군 사령관은 파울루스(FriedrichPaulus) 장군이라는 인물이었는데 해가 바뀌어 1943년이 되자, 도저히 스탈린그라드 점령이 불가능하다는 것을 깨닫고 히틀러 총통에게 후퇴를 허락해달라고 청합니다. 그러나 히틀러는 스탈린과의 자존심 싸움에서 절대 물러날 수 없었어요. '대게르만족이 슬라브족에게 질 수는 없다'라고 외치면서요. 그리고 파울루스 장군을 갑자기 육군 원수로 승진시킵니다. 육군 원수 타이틀을 줄 테니 명예롭게 싸우다 장렬히 전사하라는 뜻이었죠. 40만 명의 독일군 병사들과 함께요. 히틀러는 누가 봐도 제정신이 아닌 인간이었습니다. 개죽음당할 수 없었던 파울루스 장군은 히틀러의 명령을 거부하고 1943년 2월 2일, 소련군에 항복합니다. 치열했던 스탈린그라드 전투에서 독일이 패배한 순간이었습니다. 40만 명이었던 독일 군대는 항복 당시 겨우 9만 명만 남아 있었고, 그나마 죽지 않고 살아서 고향으로 돌아간 병사는 겨우 5,000명밖에 되지 않았습니다.

단일 규모로는 최악의 사상자를 낸 스탈린그라드 전투는 결국 소련이

한국전쟁 때 북한군의 주력전차이기도 했던 소련군 T-34 전차

승리를 거뒀습니다. 동시에 히틀러의 패배였고요. 히틀러는 수도인 모스크바 점령도 실패해서 명분을 잃었고, 또 석유라도 빼앗으려고 덤벼든 스탈린그라드에서도 패배해서 실리도 잃었습니다. 그리고 스탈린은 이 전투를 끝내고 나서 대대적으로 승리를 홍보합니다. 히틀러의 기고만장한

볼고그라드의 랜드마크가 된 '어머니 조국상'

기를 꺾었다고 생각해서였죠. 그렇게 스탈린은 전쟁 영웅이 됩니다. 그리고 당시 빼앗은 독일군의 철모들을 모아서 거대한 크기의 '어머니 조국상'이라는 동상을 만들어 세웠어요. 지금도 볼고그라드(옛 스탈린그라드)에 가보면 도시의 랜드마크로 남아 있습니다. 하여간 이 히틀러와 스탈린의 자존심 전투에서 독일이 패하면서 2차 대전에서의 독일은 슬슬 패전의 늪에 빠져들어 갑니다.

연합군의 반격,
노르망디 상륙작전!

    동부전선에서 소련에 처절하게 패한 독일. 그다음에는 서부전선에서 하이킥 한 방을 또 맞습니다. 1944년 6월 6일, 우리가 이른바 디데이(D-day)라고 부르는 연합군의 대반격, 노르망디 상륙작전이 개시된 겁니다. 당시 나치 통치를 받던 프랑스를 포함한 서유럽을 해방하기 위한 인류 역사상 최대 규모의 상륙작전이 펼쳐진 것입니다. 오죽했으면 이 6월 6일의 상륙작전을 소재로 한 영화 제목도 〈지상 최대의 작전〉(The Longest Day, 1962)입니다. 총 156만 명의 연합군, 군용차량 33만 대가 프랑스로 쏟아져 들어간 작전이었기 때문이죠.

    이 상륙작전을 배경으로 한 영화가 많아요. 가장 대표적인 영화가 바로 톰 행크스 주연의 〈라이언 일병 구하기〉입니다. 영화의 첫 장면이 그 역사적인 상륙 장면인데 아주 사실적인 전투 장면을 보여줍니다. 우리가 왜 전쟁을 하면 안 되는지, 전쟁이란 게 얼마나 끔찍한지 다시 한번 깨닫게 해줍니다. 자, 2차 대전의 상황을 다시 되짚어봅시다. 독일은 스탈린그라드에서 패한 후, 동부전선에서 소련에 의해 완전히 박살 난 상황이었죠. 이 부분 또한 기억해야 합니다. 2차 대전 중에는 소련도 미국, 영국과 함께 연합군이었다는 사실을요. 이상하지요? 소련과 미국이 한 팀이 되어 손잡고 싸웠던 적이 있으니까요. 이제 연합군 입장에서는 서부전선만 꺾으면 게임 끝인 상황이 온 거죠.

연합군이 대반격을 위해 일사분란하게 프랑스 노르망디 해안에 상륙하고 있다

　그런데 작전을 시작하기 전, 가장 큰 문제는 무려 150만 명 이상이 상륙하는 대규모 작전을 독일 몰래 진행해야 하는 점이었습니다. 일단 연합군은 기만 작전을 펼칩니다. 독일군에게 거짓 정보를 흘려요. 노르망디가 아닌 좀 더 북쪽에 위치한 도버해협으로 상륙한다는 정보였죠. 도버해협은 영국과 프랑스가 가장 가깝게 붙어 있는 해협이거든요. 이론상 긴급 상륙작전에 가장 유리한 곳이었죠. 연합군은 그다음으로 대서양해안 지역의 독일군 레이더 기지들을 다 부숴버렸습니다. 노르망디 쪽으로 다가오는 연합군 함대를 포착하지 못하게 한 것이죠. 심지어 1944년 6월은 프랑스 해안 지역에 엄청난 악천후가 몰아쳤던 때였습니다. 결

국 독일군은 오판합니다. 연합군이 노르망디가 아닌 곳에 상륙하고, 또 상륙을 한다고 치더라도 최악의 기상 상황을 뚫고 작전을 강행하지 않을 거라고 여긴 거예요. 심지어 당시 대서양 방어를 총책임지고 있던 '사막의 여우' 독일군 로멜(Rommel) 장군도 고향 베를린으로 휴가 갔을 정도였다고 합니다.

그리고 1944년 6월 6일, 그날이 왔습니다. 연합군은 독일군을 완전히 속이고 노르망디 상륙작전을 개시합니다. 150만 명의 연합군 대군이 프랑스 땅으로 밀려 들어왔습니다. 히틀러는 연합군의 상륙이 개시된 이후에도 상황 파악을 제대로 못했습니다. 여전히 기만 작전이라고 여겼던 거죠. 노르망디에 상륙하는 척하면서 도버해협으로 넘어올 거라고 끝까지 착각합니다. 엎친 데 덮친 격으로 독일군은 대응할 타이밍을 놓칩니다. 독일군은 연전연패하기 시작했고 연합군은 막힘없이 프랑스 내륙 지역으로 밀고 들어왔어요.

실패한
히틀러 암살계획

이때쯤 독일군 수뇌부는 흔들리기 시작했습니다. 히틀러의 군 작전 능력에 의심을 품기 시작한 것이지요. 그러면서 몇몇 독일군 엘리트 장교들이 '저 미친 히틀러만 없으면 전쟁이 끝난다'라는 믿음으로 히틀러 암살 작전에 들어갑니다. 1944년 7월 20일, 독일군의 클라우스 폰 슈

타우펜베르크(Claus von Stauffenberg) 대령과 그의 동료들이 히틀러가 회의하던 회의장 책상 밑에 시한폭탄을 설치합니다. 그런데 히틀러는 아직 죽을 운명이 아니었나 봅니다. 폭탄이 설치된 위치에서 조금 멀리 떨어져 앉았던 히틀러는 폭발에도 고막만 찢어지고 살아남았어요.

　1944년 7월 20일의 이러한 히틀러 암살 사건을 배경으로 만들어진 영화가 바로 톰 크루즈 주연의 〈작전명 발키리〉(Valkyrie, 2008)입니다. 톰 크루즈가 슈타우펜베르크 대령 역을 연기했죠. 결국 히틀러 암살은 실패로 돌아갔고 이 사건의 주모자 200명이 총살을 당했습니다. 이 사건으로 히틀러는 큰 충격을 받습니다. 나치군 장교들은 모두 자신의 충직한 부하들인 줄 알았는데 전혀 아니었기 때문이죠.

　살아남은 히틀러는 더욱더 독단적인 작전을 펼쳐 나갔어요. 즉, 타인에 대한 믿음을 더욱 잃어버리고 타인의 말은 전혀 듣지 않은 채 자기 마음대로 전쟁을 밀어붙인 겁니다. 그럼 어떻게 되겠습니까? 독일군 수뇌부는 점점 더 히틀러를 제정신 아닌 인간이라 여기고 '믿을 수 없는 놈'으로 취급하기 시작했겠죠. 히틀러는 점점 더 강박에 가까운 생활을 하게 됩니다. 먹는 음식조차 안전한지 믿을 수 없었어요. 실제로 히틀러는 젊은 게르만족 여인들 여남은 명을 몰래 끌고 와서 자기가 먹을 음식을 미리 먹여보게 합니다. 인간 취급도 하지 않던 유대인 포로가 아니라, 게르만족 여인이라니. 히틀러의 논리는 이러했습니다. '인간도 아닌 유대인은 인간인 게르만족과 입맛이 다르다. 믿을 수가 없다'라는 의도였습니다.

독일의 마지막 반격

6월 6일, 노르망디에 상륙한 연합군은 파리를 수복하기 위해 진군해 나갑니다. 정신이 나간 히틀러는 이때 정말 미친 명령을 내립니다. 당시 독일군의 파리 점령군 사령관이었던 디트리히 폰 콜티츠(Dietrich Von Choltitz) 장군에게 '파리를 다 불태우고 시민들을 다 죽이라'고 명령한 거죠. 콜티츠 장군은 그 명령을 따랐을까요? 그는 히틀러의 명령을 거부하고 부하 1만 7,000명과 함께 연합군에 항복합니다. 그는 나중에 군사재판에서 이런 말을 남겼습니다. "히틀러의 배신자가 될지언정 인류의 죄인이 될 수는 없었다"라고요. 콜티츠 장군이 항복하면서 연합군은 드디어 프랑스 파리를 수복합니다. 파리가 해방되는 날이었지요.

궁지에 몰린 히틀러는 최후의 반격을 준비합니다. 앞서 나왔던 아르덴 숲 기억하시죠? 독일군이 처음 프랑스를 침공해 들어올 때 마지노선 중간에 난 '개구멍'을 통해 왔던 일이요. 그곳이 아르덴 숲이었죠. 히틀러는 남아 있던 독일군 정예군을 다 긁어모아 서부전선 아르덴에 집결시킵니다. 그리고 일격에 숲을 뚫고 들어가 연합군에게 타격을 줄 계획을 세웠지요. 이 전투가 그 유명한 독일의 마지막 반격 '벌지 전투(Battle Of The

Bulge)'인데요. '벌지'는 툭 튀어나온 주머니라는 뜻을 가지고 있습니다. 당시 독일군이 숲을 통해서 나온 모습이 튀어나온 주머니 같아보여서 그런 이름이 붙었답니다.

하여간 1944년 12월 16일, 독일군은 일제히 아르덴 숲을 통해 프랑스 땅으로 진군해 들어갑니다. 마침 그때 날씨도 상당히 악천후였기 때문에 연합군 공군이 지상의 독일군 위치를 제대로 파악하지 못했어요. 제대로 대응을 할 수 없었지요. 행운의 여신이 독일 쪽에 미소를 지어주는 듯해 보였어요. 하지만 급반전이 일어납니다! 악천후로 독일군의 위치를 파악 못 하던 연합군에게 긴급 일기예보가 들어왔습니다. 12월 23일의 날씨는 '맑음'이라는 소식입니다. 야사이긴 하지만, 크리스마스이브 바로 전날인 23일에 연합군 사령부의 패튼(George Smith Patton) 장군이 목사에게 가서 제발 날씨가 좋아지게 해달라고 기도해달라는 부탁을 했다고 합니다. 그만큼 악천후가 연합군 작전의 발목을 잡았던 거죠.

그런데 정말로 하늘이 기도를 들어주셨는지 12월 23일이 되자 날이 맑아지기 시작했습니다. 이제 독일군은 꼼짝없이 당할 일만 남았어요. 좁은 숲을 빽빽한 진열로 통과하던 독일군이 맑은 하늘 아래 훤하게 다 보이기 시작했습니다. 말 그대로 아르덴 숲에서 출근길 병목현상에 걸려 오도가도 못하던 독일군은 이제 연합군에게 걸려서 괴멸당하기 시작합니다. 히틀러의 마지막 남은 희망이 사라진 순간이었지요.

독일군에게는 아직 더 지옥 같은 상황이 남아 있었어요. 바로 동부전선입니다. 1944년 6월 22일. 160만 소련 대군, 6,000대의 전차, 8,000대의 전투기가 일제히 동쪽에서 독일을 향해 무시무시한 속도로 진군해 들어옵니다. 이날의 소련군 진군은 '소련이 독일에 내린 마지막 사형 선고'라고 불릴 정도였죠. 소련군은 파죽지세로 독일 땅에 도착했고, 독일군은 자기네 땅에 있던 공장, 도로, 철도 등을 다 파괴하며 후퇴합니다. 무시무시한 소련군의 진군 속도를 늦추기 위함이었고 또한 공장 시설 등을 소련에 넘기고 싶지 않았기 때문이지요. 소련군 또한 독일 땅으로 진군해 들어가면서 지나가는 길마다 풀 한 포기 남기지 않고 다 폐허로 만듭니다. 일명 '초토화 작전'이었습니다. 스탈린그라드에서 독일에게 당한 원한이 아직 남아 있었던 것이죠. 실제 소련군은 동부 독일을 휩쓸고 들어오면서 수많은 독일 민간인들을 학살합니다. 서부전선의 연합군이 해방군이었던 반면, 동부전선의 소련군은 점령군이었습니다.

히틀러의 자살과
나치 독일의 패망

독일에 대한 소련의 분노가 어느 정도였냐면 당시 소련엔 약 5만 명의 독일군 포로들이 잡혀 있던 상태였어요. 1944년 7월 17일, 소련은 이들 포로들을 다 모스크바 붉은 광장으로 끌고 나와 포로복을 벗기고 나치 독일군 정복을 입혔어요. 장군은 장군복, 장교는 장교복, 사병은 일반 병사복으로요. 장군과 장교를 맨 앞에 세운 다음 붉은 광장에서 행진하게 합니다. 7월 한여름이었고, 섭씨 40도 가까이 되던 날이었는데 포로들에게 동복을 입혔어요. 망신과 함께 살인적인 더위의 고통을 주기

나치 독일군 포로들이 모스크바의 붉은 광장에서 비참한 모습으로 행진하고 있다

위함이었죠. 이 일은 아이러니하기까지 했어요. 불과 3년 전 히틀러가 했던 말이 있었습니다. '우리 독일군이 모스크바 붉은 광장에서 대규모 행진을 할 것이다!'라는 호언장담이었죠. 그리고 그 말은 현실이 되었습니다. 다만 승전한 병사들이 행진한 것이 아니라, 패전하여 비참한 행진을 하게 되었지만요.

소련은 무시무시한 속도로 베를린을 향해 진군했습니다. 연합군보다 먼저 수도 베를린을 점령하고 싶었기 때문이지요. 당연합니다. 이왕 복수할 바엔 확실하게 복수하려고 했어요. 서부전선의 미국, 영국, 프랑스 연합군과는 달리 눈에 불을 켜고 민간인들을 무자비하게 다 죽이면서 쳐들어오는 소련군에 대한 소식을 들은 베를린 시민들은 두려움에 떨어요. 그래서 소련에 점령당할 바에는 차라리 미군에 점령당하는 게 낫겠다는

히틀러와 연인이었던 에바 브라운의 모습

생각까지 하게 됩니다. 이런 상황에서도 히틀러는 베를린 사수에 나섭니다. 그러나 베를린을 지킬 병사는 이미 전투에서 거의 다 전사한 후였어요. 그래서 히틀러는 독일인 남자 16세에서 60세까지 총을 들 수 있는 자는 다 모아서 베를린을 사수하기로 해요. 유겐트(Hitler-Jugend)라고 불리던 10~18세의 청소년 대원들에게도 총을 쥐여줬습니다.

1945년 4월 28일, 베를린을 향해 돌진해온 소련군이 사실상 베를린을 점령합니다. 그리고 '이제 승산이 없다'라는 보고가 히틀러에게 들어갑니다. 그다음 날인 4월 29일, 히틀러는 나치 독일 패망 직전에 결혼식을 올립니다. 바로 자신의 애인이자 평생 사랑했던 유일한 여인, 에바 브라운(Eva Braun)과 올린 결혼식이었습니다. 그리고 4월 30일 오후 3시 30분, 아돌프 히틀러와 에바 브라운 부부는 베를린 지하 벙커에서 동반 자살을 합니다. 오스트리아 출신이었지만 1차 대전에 독일군으로 참전했던 히틀러. 1933년에는 일개 무명 정치인으로 정권을 잡은 후 독일을 재무장시키고 유럽을 2차 대전이라는 대살육전으로 몰아넣었던 그는 그렇게 생을 마감합니다. 56세였습니다. 그리고 1945년 5월 8일, 독일군은 공식적으로 항복 문서에 서명합니다. 그렇게 유럽에서의 2차대전은 막을 내립니다.

에너미 앳 더 게이트
The Enemy At The Gates

개봉	2001
장르	드라마, 전쟁
감독	장 자크 아노

지옥 같았던 스탈린그라드 전투

2차 대전의 수많은 전투 가운데 단일 전투로는 가장 많은 사상자가 나왔던 최악의 전투, 1942년 스탈린그라드 전투를 그린 영화입니다. 실제 스탈린과 히틀러가 자존심을 걸고 총력전을 벌였던 전투였던 만큼 어마무시한 사상자가 나온 말 그대로 '지옥' 그 자체였어요. 실제 스탈린그라드 전투에서 가장 끔찍했던 순간은 소련군이 볼가강을 건너 도심으로 진격해 들어가는 순간이었는데요. 독일 전폭기들은 무차별 사격을 했고 그걸 피하기 위해 소련군 병사들은 너도 나도 강물 위로 뛰어들었어요. 그런 병사들을 또 소련군 장교들은 배신자라고 배 위에서 총으로 쐈습니다. 가까스로 강변에 상륙한 병사들은 이번에 총이 부족해서 총알 세례를 뚫고 달렸답니다. 이른바 '우라 돌격(만세 돌격)'입니다. 이 모든 것이 영화 첫 장면에서 생생히 묘사됩니다. 대규모 전투신 없이 소련군과 독일군의 치밀한 심리 묘사만으로도 극도의 긴장감을 주는 〈에너미 앳 더 게이트〉, 2차 대전 최대 단일 전투였던 스탈린그라드 전투를 이해하기 위해선 꼭 봐야 하는 영화랍니다. 젊은 시절의 앳된 주 드로의 모습도 볼 수 있지요.

2차 세계대전을
다룬 썬킴의
오디오클립을
들어보세요

Honolulu Star-Bulletin 1st EXTRA

WAR!

(Associated Press by Transpacific Telephone)

SAN FRANCISCO, Dec. 7.—President Roosevelt announced this morning that Japanese planes had attacked Manila and Pearl Harbor.

OAHU BOMBED BY JAPANESE PLANES

SIX KNOWN DEAD, 21 INJURED, AT EMERGENCY HOSPITAL

 # 난징대학살

중일전쟁 발발 후 3개월간 치열한 공방 끝에 일본군은 어렵게 상하이를 접수합니다. 하지만 일본군도

3장

일본, 미국과 맞짱 뜨다
태평양 전쟁

1830-1945

태평양 전쟁의 주요 사건

1830	8월 4일	일본 제국주의 사상의 아버지 요시다 쇼인 출생
1868		메이지 유신으로 왕정복고 완성
1894	7월 25일	일본, 청나라와 청일전쟁
1904	2월 8일	일본, 러시아와 러일전쟁
1931	9월 18일	일본, 만주사변을 일으키며 중국 침략 시작
1941	12월 7일	일본, 하와이 진주만 기습 공격 태평양 전쟁 발발
1942	6월 4일	일본, 미드웨이 해전 패배
1945	3월 10일	미국, 도쿄 대공습 개시
1945	8월 6일, 8월 9일	히로시마·나가사키 원폭 투하
1945	8월 15일	일본의 항복, 태평양 전쟁 패망

일본의 왕은
허수아비였다

1941년 12월 7일, 일본이 미국 하와이 진주만을 기습 공격하면서 이른바 태평양 전쟁이 시작됩니다. 당시 일본과 미국의 경제력 차이는 무려 12배였습니다. 전쟁 수행력에 결정적인 영향을 미치는 '석유 비축률'만 살펴봐도 일본이 진주만을 폭격했을 당시 미국은 일본의 무려 700배의 비축율을 자랑했답니다. 국력만 봐서는 일본은 미국과 붙어 게임도 못 치를 상황이었어요. 현대전도 마찬가지지만 거의 모든 전쟁에서 '경제력 = 전쟁수행력'은 거의 불변의 진리랍니다. 그럼 경제적으로 봤을 때 미국에 명함도 못 내밀 수준이던 일본이 뭘 잘못 드셔서 감히 미국과 맞짱을 뜰 '미친' 생각을 했을까요? 왜 태평양 전쟁을 일으켰을까요? 1차 대전도 100년 전 독일 이야기부터 시작했듯이 일본의 이 '정신 나간' 행동도 태평양 전쟁 100년 전 일본의 이야기부터 시작해보겠습니다. 왜 일본이 그런 미친 결정을 내렸는지 말이죠.

일본의 역사를 이해하려면 일본의 왕인 덴노(天皇)와 쇼군(將軍) 두 시스템을 이해해야 합니다. 덴노에 대해 먼저 알아보기로 하죠. 일본인들이 자신들의 역사에서 가장 자부심을 느끼는 부분이 있답니다. 바로 '일본은 한 번도 왕조가 바뀐 적이 없다'라는 사실입니다. 중국은 원나라, 명나라, 청나라 등으로 왕조가 바뀌어 왔고 우리나라도 신라, 고려, 조선 등으로 왕조가 바뀌어 왔잖아요. 일본은 기원전 800년경 제1대 덴노인 진무 덴노(神武天皇)가 일본을 통치하기 시작한 이래 단 한 번도 왕조가 바뀌지 않았습니다. 그래서 현재 일왕(덴노)인 나루히토 일왕은 무려 126대 일왕입니다. 이걸 일본인들은 소위 '만세일계(万世一系)'라고 불러요. 한 번도 일왕의 혈통이 끊어지지 않고 만 년 동안 이어져 왔다는 주장이지요.

일본의 1대 덴노인 진무 덴노

어떻게 가능했을까요? 하나의 왕실이 끊어지지 않고 이어져 올 수 있었던 이유는 일본 역사에서 덴노는 실질적으로 일본을 통치하던 실권자가 아니라 상징적인 존재로 '모셔져' 왔기 때문입니다. 심지어는 신격화까지 되면서요. 일본도 사람 사는 동네인데 덴노에게 통치권과 권력이 있었다면 권력 다툼으로 대가 끊겨도 수백 번 끊겼겠지요. 그런데 상징적인 존재, 심지어 신으로 추앙을 받았다면 굳이 그 존재를 건드릴 필요는 없었겠지요. 심지어 '인간이 감히 신을 건드려?'라는 태도가 만연했다면 오히려 더 덴노를 건드릴 수 없었을 겁니다. 그럼 일본을 실제로 통치한 건 누구일까요? 바로 무사정권의 두목, 쇼군(將軍)이 일본을 다스렸습니다. 덴노는 쭉 한 혈통을 이어갔지만, 쇼군의 무사정권은 서로 치고받고 싸우면서 여러 번 뒤바뀝니다. 이 시스템을 꼭 기억하세요. 일본은 상징적인 덴노, 그리고 실질적인 통치자인 쇼군, 두 시스템이 국가를 다스려 왔다는 걸요.

미국에 의해
강제 개항하는 일본

이제 본격적으로 일본 근대사 속으로 들어가 볼까요? 여러분이라면 야스쿠니 신사 참배가 나쁘다는 건 다 알고 있을 겁니다. 그런데 왜나쁜지에 대해서 정확한 대답을 할 수 있는 사람은 의외로 적어요. 지금부터는 그 대답을 정확하게 할 수 있도록 짚어드리겠습니다. 때는 1830년대 일본. 당시 일본은 '에도막부'가 나라를 다스리던 때였어요. '막부(幕府)'는 간단히 말해서 쇼군이 이끌던 군사정권이라고 이해하면 됩니다. 그리고 앞의 '에도(江戶)'는 지역을 뜻했습니다. 에도가 지금의 도쿄예요. 정리해서 에도막부는 에도라는 곳을 기반으로 권력을 잡은 군사정권이죠.

에도막부를 연 도쿠가와 이에야스

설명을 덧붙이자면, 임진왜란을 일으킨 도요토미 히데요시를 다들 아실 겁니다. 임진왜란 이후 도요토미 히데요시는 도쿠가와 이에야스와의 권력 싸움에서 지게 됩니다. 당시 도요토미의 세력권은 오사카였어요. 권력 싸움에서 이긴 도쿠가와의 세력권이 에도였고요. 당연히 싸움에서 이긴 사람의 땅이 새로운 권력의 중심지가 되겠죠? 그래서 탄생한 것이 '에도막부'랍니다. 한마디로 '도쿄에 세워진 군사정권'인 거죠.

1840년, 이러한 에도막부 시대의 일본에 어마어마한 국제뉴스 하나가 들어옵니다. 일본 입장에서 보면 세계 최강대국이던 청나라가 영국과 전쟁에서 완전히 대패했다는 외신이었죠. 1840~1842년 사이의 '아편전쟁' 소식이었습니다. 에도막부는 큰 충격에 빠집니다. '아니, 대국인 청나라가 영국 함선 몇 척에 백기를 들어?' 일본 열도가 이 '서구 열강'들에 대해 두려움을 느끼기 시작하던 찰나, 일본에도 서구 열강이 손을 뻗습니다. 1853년 미국의 '매슈 페리(Matthew Calbraith Perry) 제독'이 일본 요코하마항에 입항한 것입니다. 그러면서 개항을 요구했어요. 미국과 일본이 무역 좀 하자는 것이었지요. 당시 페리 제독이 타고 일본에 입항한 미군 함선이 검은색이어서 일본에서 그 배를 '구로후네(黑船, 흑선)'라고 부르면서 그 압도적인 크기와 규모를 보고 두려움에 떨었습니다.

무력시위 끝에 일본을 개항시킨
미국의 함대 사령관 페리 제독

미국의 개항 요구에 에도막부는 1년만 시간을 달라고 한 뒤 시간을 법니다. 그리고 1년 사이 에도막부 내에서 격론이 벌어져요. 개항해야 한다, 아니다, 맞서 싸워야 한다 등의 의견이 나왔죠. 그리고 정확히 1년 후, 페리 제독이 다시 일본을 찾아왔어요. 약속은 지켜야죠. 일본 에도막부는 1854년 '미·일 화친 조약'을 맺고 드디어 항구 문을 열어줍니다. 그리고 1858년엔 '미·일 수호 통상 조약'을 맺고 미국에게 나라를 완전히 개방해주는데 이 부분에서 문제가 생겼습니다. 미국과 맺은 조약이 매우 불평등했던 겁니다.

예를 들어 미국 상인이 일본에서 범죄를 저질러도 일본이 처벌하지 못한다 등의 내용이 포함되어 있던 겁니다. 일본인들은 화가 부글부글 끓어올랐습니다. '이 에도막부란 정권, 도대체 왜 저리 외세에 비굴함을 보이나? 자존심도 없나?'라고요. 특히 어떤 계층이 격분했냐면 '사무라이' 계급이었습니다.

여기서 잠깐! 사무라이라면 보통 칼 들고 싸우는 무사로 알고 있는데 에도막부 후기에 와서는 상황이 많이 달라져 있었어요. 에도막부는 약 260년 동안 전쟁이 없었던 평화의 시기였어요. 전쟁이 없으니 사무라이들이 칼 들고 싸울 일도 없었던 것이죠. 그러면 사무라이들은 뭘 했냐? 월급 받고 관공서에서 일하는 오늘날의 공무원이 하는 일들을 하고 있었답니다. 이 시기에 또 사무라이가 얼마나 많았냐면, 당시 일본 인구가 3,400만 정도였는데 '공무원 사무라이'는 무려 300만 명이나 되었답니다. 그럼 일본의 재정 상태는 이 모든 공무원 사무라이들에게 월급을 넉넉히 줄 정도였냐 하면 안타깝게도 그렇지 않았어요. 상급 사무라이는 어느 정도 여유 있는 생활이 가능했는데, 하급 사무라이들의 생활은 정말로 비참했습니다. 그럼 이들이 조선이나 중국같이 과거 시험 보고 개천에서 용 나듯이 출세하면 되지 않았을까 하는 생각도 들지요? 그런데 일본에는 우리와 중국 같은 과거 제도가 없었답니다. 그리고 사무라이는 세습이었어요. 즉 그 말은 아빠가 사무라이면 아들도 사무라이, 아빠가 하급 사무라이면 아들도 하급 사무라이였단 말이죠.

일본 극우의 뿌리, 요시다 쇼인을 기억하자

먹고살기도 힘들었던 에도막부 시대의 하급 사무라이들 사이에선 막부에 대한 불만과 분노가 점점 쌓여 갔습니다. 쇼군은 도대체 뭐 하는 건지, 월급도 제때 주지 않으면서 서양 세력에 무릎 꿇다니. 게다가 덴노는 정말 가만히 앉아만 있었어요. 허수아비지만 신이었는데 말이죠. 하여간 하급 사무라이들의 불만이 폭발 직전이었던 일본에 한 인물이 등

장했습니다. 시모노세키가 있는 곳
이자, 아베 신조 전 일본 총리의 지
역구인 지금의 '야마구치현'입니다.
에도막부 시대에는 '조슈번'이라 불
린 곳이었습니다. 일본의 행정구역
을 잠시 설명하겠습니다. 에도막부
시대 때는 지방을 '번(藩)' 단위로
나눠 다스렸어요. 그러다가 메이지
유신을 거치면서 '현(縣)' 단위로 바

정한론을 만든 요시다 쇼인

꿉니다. 하여간 1830년, 조슈번이라는 지방에서 요시다 쇼인(吉田松陰)
이라는 인물이 태어났습니다.

　요시다 쇼인은 에도 말기, 불만 폭발 직전의 하급 무사 가운데서도 최
하급 무사의 집안에서 태어났습니다. 당연히 어릴 적부터 에도막부 정부
에 대해 악감정이 있었겠지요. 1830년생이니까 요시다 쇼인이 10살 때
인 1840년 청나라가 영국에게 깨지는 것을 봤고, 1853년에는 23세의
성인이 되어 일본이 미국에게 굴욕적으로 강제 개항당하는 것을 보았습
니다. 이 젊은 사무라이는 불만만 품고 있던 게 아니라 실제로 나라를 뒤
집어엎을 계획을 세웁니다. 그러면서 '존왕양이(尊王攘夷)' 사상을 주장
했어요. 존왕(尊王), 말 그대로 왕을 존경하자입니다. 즉 무식한 에도막부
군사정권을 끌어내리고 원래의 군주인 일왕(덴노)을 모시자고 주장하는
겁니다. 양이(攘夷)는 오랑캐를 물리치자, 일본에 눈독 들이는 서양 세력
을 물리치자는 말입니다.

요시다 쇼인이 만든 학교 쇼카손주쿠, 조선 침략의 핵심 인물들을 배출한 곳

　또한 쇼인은 이런 목표를 이루기 위해서 '정한론(征韓論)'을 주장해요. 말 그대로 우리 한반도를 '삼한(마한, 진한, 변한)'이라고 보고 그곳을 정벌해야 한다. 서구 세력에 맞서 싸우기 위해선 본래 일본 땅이었던 조선을 정벌해서 일본의 식민지로 삼아야 한다는 뜻을 갖고 있었습니다. 그리고 조선을 치기 위해선 먼저 다케시마, 즉 독도를 일본이 차지해야 한다고 덧붙입니다.

　이 요시다 쇼인의 정한론은 후에 일본이 조선을 식민지로 만드는 데 결정적인 기본 이론이 됩니다. 그리고 독도는 일본 땅이라고 하는 말도 안 되는 일본 측 주장의 근거가 됩니다. 우리 입장에서는 이 사무라이 출신 요시다 쇼인이 악의 근원이었던 거죠. 동시에 쇼인은 영리한 인간이기도 했습니다. '일본의 모든 이들은 덴노 아래 다 평등하다!'라는 말을 했기 때문입니다. 이 말이 얼마나 파괴력을 가진 주장이었는지, 에도막부와 상급 사무라이들에게 불만을 가졌던 하급 사무라이들을 열광하게 만듭니다. '누구나 다 평등하다고? 그럼 우리 9급 공무원 하급 사무라이들도 거만한 1급 공무원 상급 사무라이와 공평하다는 얘기네?' 하고 깨닫게 된 거죠. 당시 사회에 불만이 있던 하급 사무라이들이 다 요시다 쇼인의 제자가 되기 위해 몰려듭니다. 요시다 쇼인은 이들을 보고 '제자들을 조금 더 효과적으로 훈련시키기 위해선 정식 학교를 세워야겠어'라는 생각을 하게 됩니다. 그리고 바로 실천에 옮겨 직접 학교를 세우죠.

야스쿠니 신사 참배를
반대해야 하는 이유

그 학교가 바로 1842년에 지금의 야마구치현(옛 조슈번)에 만들어진 '쇼카손주쿠(松下村塾)'라는 곳입니다. 이 학교의 원칙은 '계급에 상관없이 공부를 원하는 그 누구든 들어올 수 있다'였습니다. 사회에서 소외당하던 하급 사무라이들이 몰려들었겠죠. 여기서 기가 막힌 사실을 하나 말하자면 '정한론', '독도 정벌론' 등의 이론을 가르치던 이 학교가 일본 아베 전 총리에 의해 2015년에 유네스코 문화유산으로 등재되어버린 것입니다! 당시 우리나라 언론은 보도조차 안 했어요. 몰랐던 걸까요? 관심이 없었던 걸까요?

게다가 이 사실은 더 화가 날 겁니다. 이 쇼카손주쿠에서 요시다 쇼인

일본 야마구치현에 있는 요시다 쇼인 동상

요시다 쇼인을 기리기 위해 이토 히로부미가 만든 야스쿠니 신사

의 귀염을 받았던 수제자가 한 명 있었어요. 그 이름이 바로 '이토 히로부미'입니다. 맞습니다. 안중근 의사에게 처형(!)당한 조선 침략의 원흉, 이토 히로부미가 쇼인으로부터 정한론 수업을 들었던 것입니다. 그리고 학교가 있는 야마구치현은 아베 전 일본 총리의 지역구입니다. 그리고 아베 전 총리는 이 요시다 쇼인이 자신의 정신적 지주라고 늘 말하고 다닙니다. 그리고 지금도 야마구치현에 가면 요시다 쇼인의 동상이 서 있는데 한국 땅 쪽을 노려보며 서 있습니다.

여기서 우리가 왜 야스쿠니 신사 참배를 반대해야 하는지를 정리해보겠습니다. 요시다 쇼인은 급진적으로 에도막부를 뒤집으려고 했습니다. 결국 이 '과격분자'는 에도막부에 검거되어 1859년, 29세의 젊은 나이에 처형을 당합니다. 죽을 때 마지막으로 외쳤던 말이 '야마토 타마시(大

和魂)!'였는데 우리말로 풀이하면 '일본의 혼!' 정도의 뜻입니다. 그런데 이 외침은 나중에 일본이 태평양 전쟁을 일으켰을 때 일본군이 적진을 향해 돌진해 들어가면서 외친 함성이 됩니다. 요시다 쇼인이 처형당한 후 이토 히로부미 등 그의 수제자들은 스승의 시신을 수습해 장례를 치러 주고 이를 바득바득 갈아요. '이놈의 에도막부! 가만 놔둘 수 없다. 스승님의 한을 풀어 드리자' 하고 나중에 메이지 유신이라는 쿠데타를 일으키죠.

메이지 유신으로 집권한 요시다 쇼인의 제자들, 그중 이토 히로부미가 스승인 요시다 쇼인을 기리기 위해 1868년, 에도에 '조슈신사'를 세웠어요. 그리고 1879년에 야스쿠니 신사로 이름을 바꿉니다. 그렇습니다. 지금 일본 도쿄에 있는 야스쿠니 신사는 조선 정벌과 독도 점령을 꿈꾸었던 요시다 쇼인을 기리기 위해 이토 히로부미가 세운 신사인 것입니다. 지금도 야스쿠니 신사 위패 중 최상단에는 '요시다 쇼인'이란 이름이 버젓이 새겨져 있습니다.

하급 사무라이들의 반란, 메이지 유신

조슈번 출신의 급진 하급 사무라이들은 결심합니다. 에도막부를 무력으로 엎을 수밖에 없다고요. 그래서 1868년 무진년에 '왕정복고' 즉 군사정권을 해체하고 일왕을 다시 실질적인 일본의 지도자로 세우기 위

메이지 유신을 통해 실질적 일왕 자리에 오른 메이지 덴노

해 에도막부와 전쟁을 벌였어요. 하급 사무라이들과 에도막부 군사정권 사이의 전쟁이었습니다. 쿠데타를 일으켰다고 할 수 있죠. 무진년에 일어난 전쟁이라고 해서 '무진전쟁'이라고 부릅니다. 결국 이들의 쿠데타는 성공해요. 당시 일본 왕의 이름이 '메이지 덴노(明治天皇)'였기 때문에 이 쿠데타를 '메이지 유신'이라고 불러요. 여기서 유신(維新)이란 표현은 '결국 새롭게 한다' 즉 '옛것을 없애고 다시 새롭게 시작하다'라는 말이죠. 톰 크루즈가 주연을 한 영화 〈라스트 사무라이〉(The Last Samurai, 2003)를 보시면 이 전쟁 과정이 자세히 묘사되어 있답니다.

메이지 유신은 성공했어요. 에도막부 군사정군은 무너지고 교토에서 허수아비 역할을 하던 일왕(덴노)은 도쿄로 '모셔져' 와서 일본의 진짜 군주가 됩니다.

여기서 집권을 한 진보적 급진 하급 사무라이 세력들은 논쟁을 벌였어요. 서구 열강들과 '손절'한 후 일본만의 고립주의로 갈 것인지, 아니면 서양 문물을 적극적으로 받아들여 일본도 근대화해야 할지 하는 고민이었죠. 결국 일본 신정권은 서양 문물을 적극적으로 받아들이기로 합니다. '적과 싸워 이기기 위해선 적을 알아야 한다'란 생각이었죠. 맨 처음 서양 문물을 카피하려고 했던 것이 바로 헌법을 만드는 것이었습니다. 서양과 같은 근대국가로 발전하기 위해선 근대국가의 기초인 헌법이 일본도 필요하다는 생각이었죠.

그래서 이토 히로부미가 독일 헌법을 기초로 하여 1889년, 일본 최초의 서양식 헌법인 '대일본제국 헌법'을 만들었어요. 그리고 신 일본 헌법을 기초로 이토 히로부미는 일본 첫 총리 자리에 올라요. 이토 히로부미가 요시다 쇼인을 진정한 은인으로 생각할 수밖에 없었을 테지요. 이토 히로부미는 정말 하급 중에서 완전 최하급 사무라이 출신이었거든요. 원래 에도막부의 계급상으로 출세는 꿈도 못 꿀 처지였는데 '계급 타파'를 외쳤던 요시다 쇼인이 적극적으로 키워줘서 초대 총리 자리에까지 오르게 되니까요.

조선의 동학농민혁명을 악용하는 일본

메이지 유신을 성공시킨 진보 사무라이 세력은 정말 무시무시할 속도로 서구 문물을 흡수합니다. 기초부터 탄탄하게 시작했어요. 일본은 당시 조선이나 청나라 등에서 서구 군사 기술 등만 수입해오는 '무늬만' 근대화 쇼를 하는 동안, 일본은 정말 기초부터 나라를 다 뜯어고쳤어요. 덴노 아래에 누구나 다 평등하다는 말을 토대로 신분, 계급 철폐 그리고 전 국민 의무교육 실시했죠. '서구 열강 100% 따라 하기'를 외치며 교통, 산업, 군사, 교육, 금융 모든 것을 서구화해 나갑니다. 청나라, 조선, 일본 가운데 일본만이 근대화에 성공할 수 있었던 주요 요인 중 하나였습니다. 빈 도화지가 물감을 더 잘 빨아들인다고, 일본도 백지상태에서 서구 문명을 '폭풍 흡수'한 것입니다. 그리고 당시 서구 열강의 관심이 청나라 쪽으로 '올인'되어 있던 상황이었기 때문에 일본은 서구 열강의 관심권에서 좀 벗어나 있었어요. 그걸 일본은 역이용한 것이죠. 남이 안 볼 때, 관심이 없을 때 국력을 폭풍 성장시킵니다.

이제 어느 정도 국력이 증강되었다고 본 메이지 정권은 슬슬 자신들의 정신적 지주 요시다 쇼인이 남긴 꿈을 실현하려고 했습니다. 바로 '정한론'의 실행이지요. 즉 일본도 제국주의 반열에 오르려고 한 겁니다. 제국주의의 뜻은 간단합니다. 군사력으로 남의 나라를 집어삼킨 후 식민지로 만들어버리는 것이죠. 새롭게 탄생한 일본제국주의의 첫 타깃은 어디였을까요? 당연히 조선이었습니다. 그런데 아무리 일본이라고 해도 남의 나라를 침략하려면 명분이 필요했습니다. 그리고 1894년, 일본에게 명분이 생깁니다. 조선 땅에서 전봉준 장군이 주도한 '동학농민혁명'이 일어난 겁니다.

동학혁명이 일어나자 정말 무능하기 짝이 없었던 조선 조정은 당황하기 시작했어요. 그리고 정말 내리지 말았어야 할 결정을 내립니다. 바로 청나라에 원군을 좀 파병해달라고 부탁한 것입니다. 그래서 청나라는 조선에 군대를 보냈어요. 그랬더니 일본군도 조선에 상륙하는 것이 아닙니까! 이는 동학혁명 이전인 1885년에 청나라와 일본이 맺은 '텐진 조약'의 '청일 양국 중 하나가 조선에 파병하면 나머지 국가도 똑같이 파병한다'라는 조항 때문이었습니다. 동학군 진압이 명분이 되어 청나라가 조선에 군대를 보냈으니 일본도 똑같이 군대를 보내게 된 것입니다.

그렇게 청군과 일본군, 이 두 외세가 조선 땅에 들어온 것을 본 동학농민군은 '조선이 외세에 휘둘리는 것은 허용 못 한다'라는 생각으로 맞서 싸우던 조선 조정과 화해하고 자진 해산합니다. 그럼 일단 '반란'이 끝난 것이니 '진압'하러 왔던 청·일 양국 군대가 물러가야 하잖아요? 청나라 군대는 다시 돌아가려 했어요. 그런데 일본군은 돌아갈 생각조차 없었습니다. 심지어 군대를 더 조선 땅에 주둔시키면서 급기야 조선 조정을 협박하기 시작했어요. '조선은 청나라와 맺은 모든 조약을 다 폐기하고 자주 독립국임을 스스로 증명하라'라는 어이없는 요구였죠. 그걸 왜 조선이 일본한테 증명해야 하나요?

하여간 일본군은 경복궁까지 에워싸고 무력시위를 합니다. 심지어 남산 위에 포대를 설치하고 포문을 경복궁 쪽으로 조준해요. 여차하면 일국의 왕도 대포로 날려버리겠다는 말도 안 되는 협박이었죠. 그러더니 1894년 7월 23일, 일본군은 무력으로 경복궁을 점령하고 고종을 납치하기까지 합니다. 그리고 고종을 협박해서 약속 문서를 받아냅니다. '조선은 청나라와 맺은 모든 조약을 폐지한다. 그리고 청군은 빨리 조선을 떠나라.'

일본, 조선 땅에서
청일전쟁을 일으키다

일본이 동학농민혁명을 구실로 조선 땅에 파병을 보낸 일, 그리고 볼일 다 끝났다면 이제 그만 돌아가라는 조선의 요구도 묵살하고 경복궁에서 총질하고 고종을 납치한 건 우연이 아니었습니다. 일본에게는 잔악한 큰 그림이었지요. 조선에서 종주국 노릇을 하고 있던 청나라를 쫓아내고 조선을 차지하자는 속내였죠. 역사상 오랫동안 '조선의 큰형님' 역할을 하던 청나라가 버젓이 지켜보고 있는데도 경복궁을 무력으로 점령했다는 건 이미 '청나라와 한판 붙어보자'라는 각오를 했던 것으로 보입니다.

결국 일본은 청나라와 한판 전쟁을 시작합니다. 1894년 7월 25일. 그러니까 일본군이 경복궁을 무력으로 점령한 지 이틀 후, 충남 당진 풍도 앞바다(지금의 경기도 안산시 단원구)에서 일본군이 청나라 해군을 기습 공격합니다. 선전포고 따위는 없었습니다. 정말 기습 '선빵'을 날린 겁니다. 다시 설명하겠지만 일본은 이 선빵 전략을 참 좋아했던 것 같아요. 러일전쟁과 태평양 전쟁 때 진주만에서도 그랬죠. 하여간 청나라에 싸움을 걸면서 본격적으로 청일전쟁이 시작됩니다. 청일전쟁이 일본이나 청나라에서 벌어진 전쟁으로 알고 있는 분들도 있을 겁니다. 하지만 청일전쟁은 두 나라가 '조선 땅'에서 벌인 전쟁입니다. 어이가 없지요. 하여간 이제 청나라도 전쟁을 피할 수 없었어요.

청일전쟁의 시작을 알린 풍도해전을 그린 일본 판화

청나라와 일본 간 두 번째 전쟁이자, 지상전이었던 평양 전투를 그린 일본 판화

청나라 조정에서도 일본의 군사력이 만만치 않다는 것 정도는 이미 파악한 상태였습니다. 특히 바다에서 하는 해전은 섬나라 국가인 일본이 훨씬 유리하다는 점도 알고 있었지요. 그래서 청나라는 지상전으로 일본을 꺾을 계획을 세웁니다. 그 결전의 장소는 '평양'으로 정했어요. 1894년 9월 15일. 평양에서 일본군 1만 7,000명과 청나라군 1만 4,000명의

교전이 시작됐습니다. 결과는 일본군의 완벽한 승리였어요. 일본군 전사자는 200명이었던 반면, 청나라 측 전사자는 2,000여 명, 그리고 부상 4,000여 명. 지상전에서도 청나라는 일본에 상대가 안 되었던 것이죠. 일본은 조선에서 청나라군을 다 물리치고 그 여세를 몰아 1895년 1월 19일, 중국 산둥반도에 있던 청나라 해군 사령부를 깨부수고 청일전쟁을 승리로 이끕니다. 일본의 완벽한 승리였어요. 한때 대륙을 호령했던 청나라가 종이호랑이가 된 순간이었습니다.

청일전쟁에서 청나라가 패하면서 청나라는 조선에서 영향력을 완전히 잃습니다. 역사적으로도 아주 중요한 터닝포인트였습니다. 수백 년 동안 중국의 영향 아래 있던 조선이 이제 일본의 손으로 넘어가는 순간이었으니까요. 청나라 입장에서는 영국과 벌인 아편전쟁에서도 굴욕적인 패배를 당했고 이때까지 '한 수 아래'라고 생각했던, 같은 아시아 국가인 일본에게도 지면서 자존심이 완전히 뭉개지게 됩니다. 그런데 그게 끝이 아니었어요. 일본은 그나마 남아 있던 중국의 자존심을 완전히 짓밟습니다. 이제 패전국 입장에서 돈을 지불해야 할 시간이 왔습니다. 청나라와 일본이 종전 협상을 할 차례였는데 일본은 청나라 대표단을 일본 시모노세키로 부릅니다. 그곳에서 협상하자고요.

이 시모노세키가 어떤 곳이냐면 정한론을 주장한 요시다 쇼인의 고향인 야마구치현 소속이랍니다. 그리고 쇼인의 수제자였던 이토 히로부미가 복요리를 정말 좋아했는데 여기 시모노세키에 히로부미의 단골 복어 요릿집이 있었답니다. 이 식당에서 협상하자고 말합니다. 당연히 일본 측 대표는 이토 히로부미였고요. 아무리 전쟁에서 졌어도 종전 협상을

일본 시모노세키의 슌판로, 청일전쟁 후 시모노세키 조약이 체결된 곳

일본 시모노세키에서 조약을 맺는 청나라와 일본 대표

그 나라의 수도도 아니라 협상 대표의 단골 식당에서 하다니! 중국으로 선 참을 수 없는 모욕이었을 겁니다. 그러나 전쟁에서 졌는데 어쩌겠나 요. 그 식당 이름은 슌판로(春帆樓)라고 해요. 지금도 시모노세키에 가면 있습니다. 복요리도 팔고 일반인이 숙박도 할 수 있다지만, 안 가는 게 좋 을 것 같습니다.

청일전쟁 이후, 일본의
손아귀에 떨어진 조선

결국 1895년 4월 17일, 청나라와 일본은 시모노세키 복어집에서 '청일전쟁 빚 청산'인 시모노세키조약을 체결했습니다. 청나라 대표가 일본 땅까지 가서 사인한 이 조약의 내용은 청나라에게 너무 치명적이었어요. 배상금은 당연히 갚아야 했고 그 외에도 대만, 요동 반도 등 중국 땅을 뚝 떼서 일본에 내어주는 내용이 포함됐습니다. 그리고 우리 조선에게도 중요한 조항이었던 '청나라는 조선이 완전한 자주독립국임을 인정한다'라는 내용도 포함되어 있었고요.

자주독립국을 인정해주면 좋은 거 아닌가 하는 분들도 있을지 모릅니다. 아닙니다. 그 속뜻은 이랬습니다. '이제부터 중국은 조선에서 손 떼! 이제부턴 여기 조선은 우리 일본 나와바리(구역)야!'였죠. 아시아의 맹주가 중국에서 일본으로 바뀌는 순간이었고 또 조선이 실질적으로 일본의 식민지가 된 바로 그 순간이었습니다. 요시다 쇼인의 정한론에 따라서 말이죠.

그런데 이 청일전쟁 상황을 지켜보던 나라가 있었어요. 러시아였습니다. 동아시아 지역을 눈독 들이고 있던 러시아에게는 극동 진출 발판이 될 수 있는 중국의 랴오둥반도를 일본이 차지했다는 건 영 찝찝한 일이었어요. 그래서 일본이 랴오둥반도를 토해낼 방법을 생각합니다. 먼저 주변의 독일과 프랑스를 끌어들여서 일본을 압박하기 시작했어요. '일본. 좋은 말할 때 랴오둥반도는 다시 내놓으시지'라는 협박이었어요. 일본은 처음에 강력히 반발했어요. '우리도 전쟁해서 정당하게 받아낸 땅이야. 이걸 왜 우리 일본이 내놔야 하는데?'라고요. 그러자 러시아는 일본에게 무력을 사용할 수도 있다고 암시합니다. 일본 정부는 고민하다가 결국 피눈물을 흘리며 랴오둥반도를 다시 중국에게 돌려준다는 결정을 내립니다.

왜 꽁무니를 내린 걸까요? 일본은 막 중국과 전쟁을 마친 기진맥진한 상태인데 여기서 또 러시아 한 나라가 아니라 유럽 3개 나라와 전쟁을 할 자신은 없었던 겁니다. 이것이 1895년 4월 23일의 '삼국간섭'이랍니다. 유럽 3개국이 일본에 간섭해서 랴오둥반도를 중국에 반환하게 된 사건을 말하는 것이죠.

명성황후 시해사건을 세계사적 관점에서 보면

이런 국제 정세에 관심을 기울이던 사람이 또 한 명 있었어요. 바로 조선 고종의 비 민씨(후에 명성황후)였습니다. 왕비 민씨가 가만히 돌아가는 상황을 보고 있자니 '천자의 나라 중국'을 한 방에 보내버린 일본이 러시아의 협박에 무릎을 꿇은 걸 발견한 거죠. 그러니 당연히 그 동네의 주먹은 누구라고 생각했을까요. 러시아라고 판단한 겁니다. 그래서 왕과 왕비는 슬슬 러시아 쪽으로 접근을 합니다. 조선을 통째로 꿀꺽하려는 일본을 견제하기 위함이었죠. 하지만 그 움직임을 일본이 눈치 못 챘을 리 없었습니다. 일본은 러시아 때문에 랴오둥반도도 다시 빼앗겼는데 조선까지 러시아 쪽으로 넘어갈까 봐 지레 긴장합니다. 일본은 이 모든 전개를 조선의 왕비가 주동하고 있다고 판단했습니다. 그리고 천인공노할 결정을 내립니다. 왕비를 살해할 계획을 세우고 실행한 겁니다. 이것이 바로 1895년 10월 8일 '을미사변'이라고 불리는 '명성황후 시해사건'입니다.

당시 조선 주재 일본 공사인 미우라 고로가 이끄는 일본군, 일본 낭인(떠돌이 무사) 등이 경복궁에 난입해 고종을 겁박하고 세자의 머리채를 끌고 나오면서까지 왕비 민씨를 찾아내 무자비하게 살해한 극악무도한 사건이었습니다. 이 사건을 주도한 미우라 고로도 요시다 쇼인의 '조슈번' 출신입니다. 정한론을 추종했던 무리 중 하나가 또다시 나타난 거죠. 명성황후 시해사건은 '일본이 조선 왕비를 죽였다'라는 내용의 단편적 사건으로만 보면 안 됩니다. 당시 국제적 역학관계가 어떻게 얽혀 있었는지 광범위하게 바라봐야 사건의 큰 그림을 이해할 수 있습니다.

러일전쟁에서 러시아를 박살 낸 일본

중국은 러시아의 도움으로 랴오둥반도를 되찾았지만, 곧 러시아는 속내를 드러냅니다. 자기들에게 랴오둥반도를 넘기라고 하죠. 그러곤 랴오둥반도 서쪽 끝에 있는 뤼순(여순)항에 러시아 해군 기지를 만듭니다. 일본은 러시아에 강력히 항의했어요. '당신들 뭐 하는 거야? 상도덕도 없어?'라고요. 하지만 러시아는 들은 척도 안 하고 랴오둥반도에 러시아 철도를 건설하는 등 병참 기지화를 계속했어요.

상황이 이렇게 돌아가자 일본도 러시아와 전쟁을 벌이는 것이 불가피하다는 결론을 내립니다. 그리고 본격적으로 전쟁 준비에 들어가요. 일단 러시아가 동아시아 지역에서 세를 불리는 걸 못마땅하게 생각한 영국과 1902년 '영일동맹'을 맺습니다. 그리고 육군병력도 120만 대군으로 키웁니다. 여기에 미국도 끼어듭니다. 직접적으로 군사 지원을 하면서 일본에 상당한 금액의 군사 자금도 지원했습니다. 미국도 러시아가 아시아 지역에서 설치고 다니는 꼴을 계속 보고 있을 수 없기 때문이었습니다.

1904년 2월 8일. 일본이 드디어 러시아를 선 공격합니다. 러시아군이 주둔하고 있던 뤼순항을 기습 공격한 것입니다! 청일전쟁 이후부터 이러한 선제공격에 도가 튼 모습으로 보입니다. 일본의 계획은 이런 것이었어요. 당시 동아시아 지역에 주둔하고 있던 러시아군은 약 10만 명. 반면에 당시 파병할 수 있는 일본군은 25만 명. 그리고 전쟁이 터진 후 러시아가 저 멀리 7,000킬로미터 떨어진 모스크바로부터 동아시아에 추가 파병을 하더라도 이동하는 데만 최소 40일이 걸립니다. 아예 선제공격으로 초전에 박살을 내겠다는 생각이었지요. 일단 뤼순항에서 공격하고 바로 다음으로 조선의 제물포(인천)에 정박 중이던 러시아 함선들도 격파시킵니다.

러일전쟁중 청나라랴오둥반도에상륙하는 일본군

맞습니다. 청일전쟁처럼 러일전쟁도 러시아, 일본 땅에서 벌어진 것이 아니라 중국과 조선 땅에서 벌어진 전쟁입니다. 정말 어이가 없죠. 하여 간 선빵 이후, 일본은 조선(이제는 대한제국)의 육로를 통해 육군을 신속 하게 랴오둥반도 지역으로 이동시킵니다.

치열한 전투 끝에 1905년 1월, 러시아의 뤼순항이 일본군에 점령당합 니다. 그리고 1905년 3월. 멀리 러시아 본토에서 기차 타고 달려온 러시 아 육군 대군도 봉천(지금의 중국 심양)에서 일본군에 패하고 맙니다. 동 양의 작은 섬나라 일본에 연전연패를 당하던 러시아의 자존심은 완전히 무너졌죠. 러시아는 최후의 카드를 꺼냅니다. 러시아 최강의 발트함대를 일본 앞바다로 출동시킵니다.

발트해는 스웨덴, 핀란드, 러시아 등에 끼어 있고 일본에서 엄청나게 먼 곳에 있는 바다입니다. 거기서부터 함대는 일본을 향해 출발했어요.

러일전쟁 중 청나라 심양(봉천)으로 진군해 들어오는 러시아군

어떤 항로로 가는지 알아보자면, 일단 1904년 10월 발트해에서 출발해 대서양을 따라 남쪽으로 내려가 남아공의 희망봉을 돌아 인도양을 지나 동남아시아를 거쳐 대만 앞바다를 지나 그다음 해인 1905년 5월에 겨우 대한해협에 도착합니다. 아무리 세계 최강 러시아 발트함대라고 해도 이 정도 강행군이면 이미 기진맥진한 상태였겠죠.

잠깐 야사를 언급해보자면, 당시 발트함대 함선의 가장 큰 적은 '전복'이었다고 해요. 보통 죽으로 먹는 그 전복 말입니다. 배 밑바닥에 붙어 자라기 시작한 전복의 무게 때문에 배가 앞으로 나가는 속도가 크게 떨어져서 그걸 떼어내느라 수병들이 정말 고생했다고 합니다. 하여간 우여곡절 끝에 대한해협 대마도 앞바다에 도착한 '이미 지친' 러시아 해군들이었습니다. 편히 쉬면서 기다리던 일본 해군은 그들을 완벽하게 격파시켰고요. 이로써 러일전쟁은 일본의 완벽한 승리로 끝납니다. 지금도 일본 대마도에는 당시 러일전쟁 발트함대와 싸운 기념비가 세워져 있답니다.

미국과 일본의 밀약에
한반도, 일본에 넘어가다

앞서 말했듯이 러일전쟁에서 영국과 미국도 일본을 알게 모르게 지원했었어요. 특히 미국은 일본에 막대한 전쟁 자금을 보냈었죠. 그리고 이제 다시 '정산'의 시간이 왔습니다. 미국도 이제 아시아의 맹주가 일본이라는 걸 깨달았죠. 운이 좋았다고 할 수도 있지만, 19세기에 나폴레옹도 꺾지 못했던 막강한 나라 러시아를 격파했으니까요. 미국은 러시아 대표, 일본 대표를 미국의 포츠머스(Portsmouth)로 불러서 '러일전쟁 마무리 협약'을 체결하게 하는 중재 역할을 합니다.

1905년에 이루어진 '포츠머스 조약'인데요, 그 조약의 결과는 충격적입니다. 그때까지 러시아 땅이었던 사할린이 일본으로 넘어가고 러시아가 일본으로부터 빼앗은 랴오둥반도도 다시 일본에게 넘겨주게 됩니다.

한 국가의 영토를 가지고 장난하는 것처럼 보이기도 하지요. 무엇보다 한반도는 일본 것이란 사실을 러시아가 인정한다는 내용이 포함됩니다. 미국이 중재를 해서요.

여기서 미국은 한 발 더 나갑니다. 1905년 7월 29일, 미국 육군장관이던 윌리엄 태프트(William Howard Taft)를 몰래 일본 도쿄로 보냈어요. 그리고 당시 일본 총리였던 가쓰라 다로

한반도의 지배권을 일본에게 넘긴
미국 육군장관 윌리엄 태프트

미국 포츠머스에서 종전 협상을 하는 일본과 러시아 대표단

(桂太郞)와 밀약을 맺습니다. 일명 '가쓰라-태프트 밀약'이란 것인데요. 밀약의 내용은 앞서 나온 거보다 더합니다. 당시 미국이 식민지로 삼으려던 필리핀을 확실히 미국이 지배한다는 걸 일본이 인정한다, 그 대신 미국도 일본이 한반도를 차지하는 것을 인정해준다는 약속이었습니다.

이 모든 것을 당시 미국의 시어도어 루스벨트(Theodore Roosevelt) 대통령이 추진했는데 1907년 러일전쟁을 중재해줬다는 공로를 인정받아 그는 노벨 평화상까지 받습니다. 한반도를 일본에 넘겨준 그 중재자 역할로 세계적인 상을 가져간 거죠.

영국도 이런 약육강식의 난장판에 숟가락을 얹습니다. 1902년에 맺었던 '영일동맹'을 더욱 강화하는 조건으로, 영국은 인도를 지배하고 일본은 한반도를 지배한다는 상호인정서를 교환한 것입니다.

1905년, 러일전쟁에서 이긴 일본이 한반도 지배권을 챙겨가게 됩니다. 미국이 일본과 몰래 손을 잡고 일본의 한반도 지배를 인정해줬습니다. 영국 또한 일본의 한반도 지배를 인정해줬습니다. 이제 일본은 두려운 게 없었어요. 같은 해에 이토 히로부미가 직접 주도해서 대한제국(고종이 1897년 나라 이름을 조선에서 대한제국으로 바꿉니다)의 외교권을 빼앗습니다. 이것이 바로 '을사늑약'입니다. 매국노 이완용 등이 등장하는 그 을사늑약 맞습니다. 1905년이 을사년이어서 을사늑약이라 불러요. '늑약'이란 말은 '강제로 체결한 조약'이라는 말입니다.

한국사 시간에 우리나라 입장에서만 을사늑약을 공부했다면 '일본이 대체 무슨 깡으로 저런 무모한 짓을 한 거지?'라고 생각했을 수도 있겠습니다. 하지만 세계사의 큰 그림에서 을사늑약을 보면 일본의 그 기막힌 행동의 배경이 보여요. 일본은 세계열강의 지지와 도움을 얻어 한반도 지배권을 얻었고, 이 때문에 눈치 보거나 꺼릴 것 또한 없었습니다. 대한제국은 우물 안 개구리 상태였고요.

일본, 관동대지진으로 비틀거리다

대한제국의 외교권을 차지한 일본은 5년 후인 1910년, 대한제국을 강제로 병탄(남의 재물이나 나라를 강제로 빼앗아 자기 것으로 만드는 것)합니다. 네, 그렇게 대한제국은 완전히 일본의 식민지가 됩니다. 1910년 경술년에 일어난 나라의 치욕이란 뜻으로 '경술국치(庚戌國恥)'라고도 부릅니다. 절대 '한일합방(韓日合邦)'이란 표현은 쓰면 안 됩니다. 일본이 우리나라를 강제로 빼앗은 것을 정당화하기 위해 만든 표현입니다.

일본은 대한제국을 식민지화하면서 요시다 쇼인의 '정한론'을 본격적으로 실현하기 시작했습니다. 그때 일본의 국내 상황은 그다지 좋은 상황은 아니었습니다. 너무 급격한 경제 성장에 의한 부작용이 슬슬 나타나기 시작한 겁니다. 특히 1920년, 일본 주식시장이 한번 크게 붕괴하면서 수많은 투자자가 바닥을 치는 일이 발생했어요. 그해 7월엔 총 230개 회사가 줄줄이 도산합니다. 이런 가운데 일본 경제에 어퍼컷을 날리는 어마어마한 일이 발생합니다.

1923년 9월 1일, 일본 관동 지역(도쿄 지역)에 규모 7.9의 대지진이 일어난 겁니다. 공식적인 사망자만 45만 명에 이르는 대지진이었습니다. 수도인 도쿄는 대혼란에 빠집니다. 당시 일본의 가옥 대부분이 목조였는데 지진으로 불이 나자 불길이 걷잡을 수 없이 번지면서 도쿄 시내는 아수라장이 됐어요. 이 시기의 혼란에 대한 관심을 다른 곳으로 돌리기 위해 일본인들은 헛소문을 퍼뜨립니다. '조선인들이 우물에 독을 탔다'라는 바로 그 소문입니다. 이 헛소문 때문에 수많은 조선인이 타국에서 무고한 죽음을 맞이했어요.

가뜩이나 경제가 흔들리고 있었는데, 대지진까지 일어나자 일본의 경제사회는 본격적으로 무너지기 시작했어요. 먹고살기 힘들었던 일본 노동자, 농민들까지 대규모 파업과 시위를 일으켰고요. 게다가 일본 경제를 완전히 KO 상태로 만든 사건이 또 발생합니다. 1929년 미국의 대공황(Great Depression)이었습니다. 앞서 1차 대전 부분에서도 이야기한 바

관동대지진으로 인해 일본 사회는 큰 혼란을 맞는다

있습니다. 1차 대전의 승전국인 영국과 프랑스가 미국의 대공황 때문에 전후 재건을 제대로 할 수 없었고, 패전국 독일은 아예 국가가 망할 정도로 경제 상황이 나빠져서, 히틀러가 이 상황을 악용하여 집권할 수 있었다고 설명했었죠. 이 대공황의 여파는 일본도 피해갈 수 없었습니다.

당시 세계 경제의 40% 이상을 맡고 있던 미국이 직격타를 입었는데, 일본이라고 어찌 버틸 수 있었을까요. 이런 위기를 타개하기 위해 일본 정부는 중대한 결정을 내립니다. '내부 위기에 몰린 관심을 외부로 돌려 해결하자'라는 계획을 세우기 시작한 겁니다. 무너져 가는 일본 경제를 살리기 위해서는 외부에서 원료를 빼앗아 오고, 또 일본 제품을 팔 수 있는 시장을 더 확대해야 한다는 주장이 나온 거죠. 간단히 말해 남의 나라를 침공해서 더 많은 식민지를 더 만들자는 주장이었습니다. 물론 반대

의견도 만만치 않았어요. '이미 조선을 식민지로 만들었는데 또 식민지를 만든 필요가 있느냐'라는 반론도 존재했죠. 하지만 일본 정부 내의 격론 끝에 '일본 밖에서 해답을 찾자'라고 결론 내립니다. 중일전쟁과 태평양 전쟁, 그 불행의 씨앗이 만들어진 순간이었습니다.

제국주의 일본, 만주를 침공하다

일본은 드디어 군부 강경파의 주도로 만주 침략을 결정합니다. 일본 내부 위기를 해결하기 위한 해답을 남의 나라를 침략하는 것으로 삼은 거죠. 그러면서 그 먹잇감으로 만주를 선택합니다. 중국은 이미 청나라가 망한 후에 장제스(장개석)의 국민당과 마오쩌둥(모택동)의 공산당이 서로 치고받고 싸우는 소위 '국공내전(국민당과 공산당의 내전)'으로 아수라장이 된 상태였거든요. 이런 상황에서 일본이 중국 본토에서 멀리 떨어진 만주를 침공한다고 해도 중국 본토는 대응할 여력이 없으리라 판단한 겁니다. 그리고 행동으로 옮깁니다.

1931년 9월 18일, 중국 봉천(지금의 심양)에서 무력 도발을 시작한 일본군은 결국 만주 지역을 손쉽게 점령합니다. 이것을 중국은 '만주사변' 또는 9월 18일에 일어났다고 해서 '9·18사변'으로 부르면서 아직도 치욕적인 역사로 기억하고 있어요. 그리고 일본은 1932년, 자기들이 점령한 만주 지역에 '만주국'이란 꼭두각시 국가를 세우고, 황제를 데려옵니다. 이미 멸망한 청나라의 마지막 황제 '푸이(溥儀)'였죠. 이쯤에서 떠오르는 영화가 있을 겁니다. 영화 〈마지막 황제〉(The Last Emperor, 1987)의 그 이야기죠. 영화는 청나라가 망하는 과정과 일본 침략 이후 만주국이 생기는 과정이 자세히 표현되었어요.

일본은 만주에 만족하지 않고 중국 대륙 본토에 슬슬 눈독을 들이기 시작합니다. 제가 전쟁사를 다루며 계속 말한 것처럼, 모든 전쟁에는 '명분'이 필요해요. 일본에게는 다시 또 다른 명분이 필요했습니다. 중국 본토를 점령하기에 앞서 중국과 전쟁을 벌여야 하는데, 아무리 막 나가는 일본이라도 해도 갑자기 전쟁을 일으키는 건 부담이 됐습니다. 그래서 그 명분을 일부러 만듭니다.

1937년 7월 7일, 베이징 남쪽의 노구교(盧溝橋)라는 다리 부근에서 일본군이 훈련하고 있었는데 갑자기 총소리 몇 발이 나더니 일본군 병사 한 명이 실종되는 일이 발생합니다. 일본군은 이건 중국군의 소행이라며 시비를 걸게 되면서 중국과 일본의 교전이 시작됩니다. 그리고 곧 전면전으로 확대되었고요. 그렇게 총소리와 병사 한 명에게서 시작된 '중일전쟁(1937-1945)'의 막이 오릅니다.

당시 사건에 관한 이러한 야사가 있습니다. 실종됐던 일본군 병사는 중국군이 총으로 위협해 납치한 것이 아니라 그저 훈련 중 용변을 보러 잠시 사라졌다는 주장이죠. 하여간 '일본 병사 실종 사건'은 전쟁 개시 명분이 필요했던 일본에게 너무나도 반가운 사건이었을지도 모릅니다. 씁쓸하지 않나요? 정확히 어떤 일이 있었는지 밝혀지지 않은 사건 때문에 일본과 중국이 8년 동안이나 전쟁을 하게 된 것이죠.

일본은 그렇게 중국 대륙 침략에 나서게 됩니다. 일본군은 총공세를 펼치면서 곧바로 베이징을 접수합니다. 그리고 중화민국의 수도를 점령하기 위해 남하합니다. 중일전쟁 시기에는 중국의 수도가 베이징이 아니었습니다. 청나라가 망하고 중화민국이란 공화국이 세워졌을 때, 중화민국 정부는 수도를 상하이 옆에 있는 난징(남경)으로 옮겨요. 베이징이 수도가 된 건 한참 후의 일입니다.

일본군의 목표는 당시 수도였던 난징이었습니다. 난징을 점령하기 위해서 바로 옆에 있는 상하이를 먼저 쳐야 했어요. 1937년 8월 13일, 남쪽으로 내려온 일본군과 중국군이 상하이에서 충돌하게 되고, 일본군은 이 싸움에 자신이 있었습니다. 그럴 수밖에요. 만주를 그렇게 쉽게 접수했고, 청나라의 수도였던 베이징도 빠르게 수중에 넣었으니까요. 하지만 상하이에서 일본군과 전투를 벌였던 중국군은 최정예부대였습니다.

일본군은 애초에 "2주 만에 상하이 점령이 가능하다"라고 큰소리쳤지만 중국군의 맹렬한 반격으로 3개월을 고생합니다. 당황한 일본군은 추가 병력을 요청했고 결국 일본군 10만 대군이 상하이에 들이닥칩니다. 솔직히 그때까지 중국과 일본이 전투를 벌인 만주와 베이징 등은 '지역 교전'의 수준이었어요. 하지만 이제 상하이 전투는 드디어 '몇십 만 대 몇십 만'의 전쟁이 벌어지는, 즉 중일전쟁 발발 이후 첫 '국가급 A매치'가 시작된 겁니다.

3개월간의 치열한 공방 끝에 일본군은 어렵게 상하이를 접수합니다. 하지만 일본군도 9,000명이 넘는 전사자와 4만 명이 넘는 부상자가 생기는 등 엄청난 피해를 입었어요. 예상치 못한 격전을 벌이고, 그만큼 피해가 막심해진 일본군은 분노합니다. 그리고 그 분노는 다음 타깃인 난징으로 향했어요. 그렇게 당시 중국의 수도였던 곳에서 '난징대학살'이 일어나게 됩니다.

일본, 상하이에서 뺨 맞고 난징에서 복수하다

상하이에서 예상치 못한 피해를 본 일본군들은 피의 복수를 다짐하면서 상하이 바로 옆에 있는 수도 난징으로 진군했습니다. 중화민국을 이끌던 장제스는 일본군이 난징으로 밀려온다는 소식을 듣고, 중국의 수도를 더 내륙 쪽에 위치한 충칭(중경)으로 급하게 옮기기로 합니다. 수도를 버리고 간 것입니다. 그리고 난징에서의 마지막 사수를 국민당군의 탕성즈(唐生智) 장군에게 맡깁니다. 난징 시민들은 동요했어요. 당연하지요. 정부가 난징을 버리고 달아난 상황인걸요. 피난 가겠다고 나선 사람도 있었고, 재산과 집이 다 여기 난징에 있는데 떠날 수 없다는 사람도 있어서 혼란 그 자체였습니다. 그리고 드디어 일본군이 난징에 도착했어요. 탕성즈 장군은 과연 난징을 끝까지 사수했을까요?

1937년 12월 10일, 일본군이 난징 공격을 시작했을 때, 난징을 목숨 걸고 지키겠다던 탕성즈 장군이 전략적 실수를 저질러요. 탕성즈 장군은 15만 명의 대군을 데리고 있었거든요. 그 정도 대군이면 일본군과 한판 붙어볼 수도 있었는데, 탕성즈 장군은 성 밖으로 나가지 않고 성 안에서

중화민국의 국민당군 탕성즈

싸우면서 성을 지키기로 합니다. 성 바깥의 지리는 중국군이 훨씬 잘 알기에 전략적으로 유리할 수 있었는데 말입니다. 이길 수 있는 가능성이 있었죠.

결국 12월 12일에 일본군은 막강한 화력으로 난징 성의 성벽을 무너뜨립니다. 그리고 그 악명 높은 독가스를 살포해서 성을 지키던 중국군을 몰살했어요. 이 긴박함 속에서 탕성즈 장군은 무엇을 하고 있었을까요? 네, 도망갔습니다. 병사들과 시민들을 남기고 사령관이 먼저 도망간 겁니다. 우두머리가 없는 군대는 게임 끝입니다. 중국군은 아예 우왕좌왕하기 시작했고 일본군은 이런 오합지졸 군대를 손쉽게 제압합니다. 12월 13일, 난징은 완전히 일본군의 손아귀에 들어갑니다.

난징을 접수한 일본군은 그토록 원하던 복수극을 벌입니다. 난징에 남아 있던 중국군뿐만 아니라 시민들을 무참하게 도륙했습니다. 난징을 함락한 이후부터 무려 6주간 남녀노소 가리지 않고 학살합니다. 중국 측의 공식적인 주장에 따르면, 일본군은 약 30만 명의 난징 시민을 학살했습니다. 이것이 1937년 일어난 '난징대학살'입니다. 일본군들은 극악무도하게도 누가 더 먼저 100명의 목을 베는지 참수 경쟁을 벌이기도 했어요. 당시 일본 언론들은 이러한 천인공노할 만행을 무슨 스포츠 중계하듯이 신문에 대서특필하기도 했고요. 충격적인 내용이지만, 어린아이를 공중에 던진 후 창검으로 받고 또 하늘로 던진 후 또 다른 창검으로 받는

'중국인 100인참수 경쟁'에 대해 다룬 일본 <마이니치 신문>

것을 '스포츠'라고 부르기도 했습니다. 이건 정말 빙산의 일각입니다. 일본군의 수많은 만행은 이 지면에 다 쓸 수 없을 정도죠.

막 나가는 일본을
손보기 시작하는 미국

난징대학살이 일어난 때가 1937년입니다. 그리고 바로 2년 후인 1939년에는 어떤 일이 일어났을까요? 저 멀리 유럽에서 히틀러가 폴란드를 침공하면서 2차 대전이 일어났지요. 미국은 이 모든 상황을 우려의 눈으로 바라보고 있었습니다. 유럽이 히틀러의 독일에 의해 완전히 망가

베트남 사이공에 입성하는 일본군을 행인들이 지켜보고 있다

지고 있었던 데다, 저 멀리 아시아에서는 중국과 일본이 전쟁을 벌이고 있었으니 세계 정세가 우려스러웠던 겁니다. 상하이 전투 이후 엄청난 규모의 전투로 번진 중일전쟁을 지켜보던 미국도 난징대학살 소식을 듣고 경악했습니다. 도저히 용납할 수 없던 일이라고 판단한 미국은 공식적이든 비공식적이든 중국군에게 막대한 자금과 군수품을 지원해주었습니다. 이 사실을 알게 된 일본군은 크게 분노했고요. '이 미국 놈들, 두고 보자. 언젠가는 너희에게도 복수하리라'라며 복수의 칼을 갈기 시작한 거죠.

　그런데 여기서 일본은 정말 무모한 결정을 내립니다. 유럽은 이미 2차 대전의 난리 통에 빠져 아수라장 그 자체였죠. 그런데 독일이 프랑스를 이겼네요. 당시 중국 바로 밑에 있는 인도차이나반도(베트남)는 프랑스 식민지였거든요. 우리가 종종 먹는 베트남 반미, 쌀국수, 연유커피 모두 식민지 시절, 프랑스의 영향을 받고 만들어진 음식이랍니다. 여하튼 이 인도차이나를 점령하고 있던 프랑스의 본토가 독일에게 점령된 것 아닙니까? 그 말은 인도차이나의 점령국이 사라졌다는 것, 다시 말해 주인이 없다는 뜻이었어요.

일본은 여기서 고민합니다. 인도차이나를 점령해야 한다, 아니다 라는 갈림길에 섰죠. 일본 내부의 반발도 컸어요. 이미 중국과 전쟁을 벌이고 있는 마당에 또 다른 전쟁터를 만드는 건 무리라는 의견이었죠. 하지만 여기서도 강경파의 발언이 더 힘을 얻었습니다. 유럽이 2차 대전으로 정신이 없을 때, 일본은 '인도차이나를 접수해야 한다'라는 강경론을 실행하기에 이릅니다.

1940년 9월, 일본은 본격적으로 인도차이나반도를 점령합니다. 미국은 '일본 이놈들이 선을 넘네'라고 생각했어요. 하지만 당시 미국 국내 여론은 남의 나라 전쟁에 끼지 말자란 쪽에 더 가까웠어요. 1차 대전의 악몽이 아직 남아있었던 것이죠. 미국 정부는 고심 끝에 전쟁을 벌이지 않으면서도 일본을 압박할 수 있는 방법을 찾아냈습니다.

1941년 8월 2일, 미국은 일본에게 석유 금수 조치를 내립니다. 일본은 상당량의 석유를 미국에서 수입하고 있었기에 미국은 일본에게 가는 석유를 끊어버린 거죠. 탱크를 움직이는 데도 석유가 필요하고, 전투기가 나는 데도 석유가 필요하니까 곧 석유가 떨어질 거라 여겼습니다. 석유가 부족해진 일본이 자연히 전쟁을 중단할 거라는 계산을 했고요. 일본은 크게 당황해서 대책을 마련하려고 합니다. 히로히토(裕仁) 일왕이 도쿄에서 긴급 어전회의까지 열어서 연일 논의를 거듭할 정도였어요.

결국 일본은 미국에 협상을 요청합니다. 이 협상 제의에 미국은 다음과 같은 조건을 제시했어요. 첫째, 일본은 인도차이나에서 물러갈 것. 둘째, 일본은 중국과의 전쟁을 중단할 것. 이러한 조건을 보고 일본은 황당함을 감추지 않았습니다. 이미 중국과의 전쟁이 4년 차로 접어들고 있는데 여기서 중단하라니, 이건 분명한 내정간섭이라고 여깁니다. '우리 대일본제국은 이미 조선, 만주, 중국, 곧이어 인도차이나까지 얻고 아시아의 맹주 자리를 굳힐 건데, 미국이 석유 하나로 협박하면서 우리가 이걸 다 포기하라고 한다고? 말도 안 되는 소리다!'라며 반박한 것이죠. 그리고 미국의 협박에 굴복할 수 없다는 결론을 내렸습니다. '미국에서 석유를 수입 못 한다면 우리 일본은 하루빨리 인도차이나반도와 동남아를 점령한 후 그곳에서 필요한 석유를 얻으면 된다. 그리고 미국은 국내 여론 때문에 쉽게 참전도 못 할 거다'라는 판단이었죠. 이미 기세가 등등했던 일본은 미국을 '세계에서 가장 덜 위험한 열강' 정도로 취급하고 있었답니다. 이렇게 태평양 전쟁의 시작점이 슬슬 머리를 내밀고 있었죠.

강경파 도조 히데키, 진주만 기습 공격을 계획하다

미국이 일본에 대한 석유 수출을 끊은 후 일본에선 연일 대책회의가 열렸다고 말한 바 있습니다. 당시 일본 총리는 고노에 후미마로(近衛

文麿)라는 인물이었는데 미국과의 논의가 필요하다고 주장하는 '협상파'였어요. 미국과의 전쟁은 곧 죽음으로 이어진다는 걸 알고 있었던 사람입니다. 그는 적극적으로 미국과의 협상 자리에 나섭니다. 심지어 일본 총리인 자신이 미국의 알래스카까지 직접 가겠다고 할 정도였어요. 하지만 이런 고노에 총리의 협상의 꿈은 한낱 재가 되고 맙니다.

태평양 전쟁을 일으킨 전범 도조 히데키

1941년 9월 18일, 군부 강경파가 고노에 총리 암살을 시도한 것입니다. '너 같이 물러 터진 인물이 일본 총리라니!'라는 태도였던 육군 장교들이 총리를 공격했고, 겨우 살아남은 총리는 자리에서 물러납니다. 그리고 '초강경파' 육군 대장 출신인 도조 히데키(東条英機)가 총리 자리에 오릅니다. 지금 일본 야스쿠니 신사에 호국의 신으로 '모셔져' 있는 A급 전범 도조 히데키입니다.

진주만 공습을 결정하고 태평양 전쟁을 실질적으로 이끌었으며 나중에 전범 재판에서 교수형에 처한 강경파 도조 히데키 수상. 그의 생각은 이러했어요. 일본이 미국을 공격해도 어차피 미국은 국내 여론 때문에 참전 못할 거라는 거죠. 혹여 미국이 참전하더라도 여론과 유럽의 상황 때문에 전쟁을 오래 끌지 못한 채 스스로 협상 테이블로 나올 것이라고 여긴 거고요. 그러기 위해선 아주 '충격적인 한방'이 필요했습니다. 일본은 어디를 어떻게 공격할지 고심한 끝에 미국 하와이의 진주만을 선택합니다. 여기서 중요한 점이 있습니다. 일본이 진주만 공습을 준비할 때만 하더라도 일본은 미국과의 전면전을 예측하지 않았어요. 미국이 협상 테이블로 스스로 나오게 '협박용' 계획을 세웠던 것뿐입니다.

그럼 왜 진주만인가? 일단 하와이 진주만엔 미 해군 태평양 함대 기지가 있었어요. 진주만에 주둔하고 있던 미 지상군만 6만 명, 구축함은 54척, 잠수함은 22척, 전투기는 450대. 어마어마한 병력이었지요. 미국 입장에서는 '어떤 미친놈이 감히 진주만을 공격하겠어?'라는 생각을 가질 만했어요. 미국 내에서는 이미 일본이 미국을 어떤 식으로든 공격할 것 같다는 분석이 나온 상태였는데 그 예상 타깃은 필리핀 정도였어요. 진주만은 일본에서 무려 5,600킬로미터 떨어져 있던 데다 미국 최정예 병력이 집결해 있던 곳이니 예상하지 못했던 거죠. 하지만 일본은 '그 어떤 미친놈'이 되고 맙니다.

미 해군의 주력이 다 모여 있던 진주만을 공격해서 허를 찌르면 미국은 크게 당황할 것이고 깜짝 놀란 미국이 바로 협상을 요청해 일본이 요구하는 사항을 다 들어줄 거라고 판단한 겁니다. 일본은 선전포고도 없이 진주만을 기습 공격했다고 알고 있는 분들이 많을 텐데요. 사실 일본은 진주만 공격 전에 선전포고하려고 했어요. 공격 개시 20분 전에요. 이것으로 얻으려고 했던 효과는 이와 같았습니다. ❶ 그래도 공격 '전'에 선전포고를 했다는 명분을 챙긴다. ❷ 미국에 대비할 시간을 주지 않아 공격 효과를 극대화하는 실리를 얻는다. 일본은 그렇게 공격 바로 전에 선전포고를 하려고 했으나 여러 가지 기술적 실수 때문에 실제로는 공격 1시간 후에나 미국 정부에 선전포고문이 전달됩니다. 고의는 아니었지만 어쨌든 선전포고문이 워싱턴의 미 정부에 '늦게' 전달된 것입니다.

일본은 그런 전통이라도 있는 듯이, 전쟁을 시작할 때 선전포고를 한 적이 없었습니다. 선제공격의 효과를 너무나 잘 알았기 때문이죠. 청일전쟁, 러일전쟁 모두 일본의 선 공격으로 재미를 톡톡히 봤잖아요. 이 '선전포고'라는 개념 자체가 유럽의 결투 문화에서 나온 것이기도 하고요. '너에게 결투를 신청한다. 언제, 어디로 나와라'라고 상대에게 통보하던 그 전통 말입니다. 그런데 아이러니하게도 이 선전포고가 국제법이 된 이유는 일본 때문이랍니다. 러일전쟁 당시 일본의 기습 공격으로 큰 피해를 본 러시아 정부가 1907년 헤이그 만국평화회의(이준 열사가 참가하려고 했으나 실패했던)에서 '선전포고 의무화'를 공식 의제로 채택한 겁니다. '앞으로 나라 간 전쟁을 할 때는 반드시 미리 선전포고를 하자'라고 공식화한 것이죠.

진주만 선전포고의 딜레마는 일본 스스로 만든 것입니다. 하여간 공식화된 선전포고 의무를 지키기 위해 일본은 공격 20분 전에 워싱턴 미 정부에 선전포고문을 전신으로 보냈어요. 물론 여러 기술상 문제 때문에 공격 1시간 후에 도착했지만요. 일본이 선전포고에 집착한 이유는 그들도 국제 사회의 당당한 일원으로 인정받고 싶었기 때문입니다. 즉, 나름 국제 규범을 지키려고 했던 것이지요. 꼭 기억하세요. 비록 20분 전이었지만, 일본은 진주만 공격 전에 선전포고를 했어요. 우리가 알고 있는 것처럼 고의로 불시에 상도덕 없는(!) 공격을 한 건 아니랍니다.

일본, 하와이 공습
불타는 진주만

1941년 12월 7일 일요일 오전 7시 49분, 야마모토 이소로쿠(山本伍十六) 사령관은 선전포고문이 워싱턴에 전달되었을 거라고 판단합니다. 그리고 그의 명령에 따라 일본 해군 항공모함에서 발진한 일본 전투기와 폭격기들이 일제히 하와이 진주만 공습에 들어갑니다. 일요일 오전에 한가한 시간을 보내고 있던 진주만의 미 해군은 일본의 기습 공격을 받고 허둥지둥하게 됩니다. 결국 엄청난 피해를 입었어요.

일본은 절대 진주만을 공격하지 않을 거라는 안일한 생각을 하고 있던 것이 미국의 가장 큰 문제였습니다. 게다가 기술적인 문제도 있었습니다. 당시 하와이에 설치된 레이더는 다가오는 항공기의 국적은 물론 고도도 알 수 없었던 아주 원시적인 레이더였어요. 물론 그 시대에는 최신 기술이긴 했지만요. 실제로 일본 전투기가 새까맣게 몰려오는 것이 레이더에 잡혔는데 그걸 보고 '미 본토에서 날아오는 미군 전투기'로 착각하고 전혀 신경 쓰지 않는 실수까지 합니다.

태평양 전쟁 당시 연합함대 사령관
야마모토 이소로쿠

이 공격으로 인해 미군에서는 무려 3,000명 이상의 사상자가 나왔고 전함 애리조나호, 오클라호마호 등 4척의 대형 전함은 폭격을 맞고 바닷속으로 가라앉았습니다. 애리조나호의 경우, 탄약 격납고에 폭탄이 직격으로 떨어져 1,000명의 미군 수병이 한꺼번에 사망하는 참극도 발생했지요. 이러한 일본의 공격 소식은 미국 본토와 수도인 워싱턴에 급보로 알려졌습니다.

미국은 발칵 뒤집혔습니다. 미국의 프랭클린 루스벨트(Franklin Roosevelt) 대통령은 진주만 공격 다음 날인 12월 8일, 미 의회에서 연설을 합니다. 그 유명한 '치욕의 날 연설(Day of Infamy Speech)'입니다. "1941년 12월 7일은 우리 미국 역사에서 치욕의 날로 기억될 겁니다. 미국 의회에 공식적으로 요청합니다. 일본과의 전쟁을 승인해주십시오." 루스벨트는 외쳤습니다. 의회는 바로 승인했고, 미국은 태평양에서 일본과의 전쟁에 들어갑니다. 태평양 전쟁의 시작이었습니다.

당시 일본이 오판한 것이 하나 더 있습니다. 일본은 미국의 젊은이들, 즉 군인으로 참전하게 될 이들의 정신 상태가 해이할 것으로 생각했어요. 자본주의 미국, 돈 많은 미국의 젊은이들은 먹고 마시고 매일 파티만 했을 거라고 여겼지요. 반면에 '무사도'로 무장한 일본 젊은이들은 정신 단련이 되어 있다고 착각한 겁니다. 사실, 당시 미국의 젊은이들은 누가 시비라도 걸면 바로 폭발할 수 있었던 상황이었습니다. 사회에 대한 분노와 절망감에 휩싸인 '독을 품은 애들'이었어요.

1941년 참전 기준으로 20살 남짓이면 1929년 미국 대공황 때 10대를 보낸 세대잖아요. 20살 평생 살아오면서 아버지의 실직, 어머니의 자살, 돈이 없어 팔려 가는 동생을 보고 자란 세대였습니다. 사회에 대한 증오,

분노가 극에 달했던 세대인데 마침 맞붙을 상대가 눈앞에 딱 나타난 겁니다. 바로 일본이었죠. 일본은 미국을 잘못 건드렸어요.

미국의 복수, 도쿄 공습

일본에 일격을 당한 미국은 자존심을 되찾기 위해 '눈에는 눈, 이에는 이' 전략으로 똑같이 기습 공습을 준비했어요. 그러기 위해선 일본이 그랬던 것처럼 항공모함을 일본 근처까지 끌고 가서 폭격기를 이륙시켜 공습해야 했는데 문제는 쉬운 방법이 아니라는 겁니다. 일단 아시아에 주둔하고 있던 미 해군이 당장 쓸 수 있는 항공모함이 거의 없었어요. 그렇다면 폭격기가 육지에서 이륙해야 했고, 그럴 만한 장소는 가까운 조선 또는 중국이었어요. 하지만 이 땅들은 이미 일본의 식민지 또는 일본이 점령하기 시작한 곳들이었죠. 미국 정부는 고민하다가 이런 결론을 내렸어요. '그럼 폭격기를 항공모함에 싣고 일본 근처에 가서 이륙시키면 되지 않나?'라는 황당한 생각까지 하게 됩니다. 이론적으로 폭격기는 항공모함에서 이륙하지 못해요. 큰 덩치만큼이나 긴 활주로가 있어야 이륙할 수 있는데 항공모함의 짧은 활주로에서의 이륙은 말도 안 되는 얘기였습니다. 게다가 더 큰 문제는 임무 수행 후에 다시 착륙해야 할 때, 거대한 폭격기가 항공모함의 짧은 활주로에서 시도하는 건 그냥 바다에 빠져 죽으라는 얘기나 마찬가지입니다.

도쿄 공습을 이끈 미국의
제임스 둘리틀

그런데 찾으면 길이 보인다고 했던가요. 미국은 불가능한 일을 가능하게 만들기 시작했습니다. 상대적으로 가벼운 B-25 폭격기를 준비해 무게를 줄이기 위해 무전기를 빼버리고, 기관총도 떼는 등 최대한 기체를 가볍게 만들었어요. 그리고 육지에 항공모함 활주로 길이의 모의 활주로를 만들고 이착륙 훈련을 수없이 했습니다. 실제 항공모함에서도 가능해질 때까지요. 결과는 대성공이었습니다.

그리고 미 육군 항공대의 제임스 둘리틀(James Doolittle) 중령이 도쿄 공습 임무를 맡게 됩니다. 항공모함에서 이륙은 가능했지만 착륙까지는 아직 어려웠기 때문에 도쿄 공습을 마친 후엔 중국 국민당군 소속 중국 비행장에 착륙하는 것으로 계획을 세웠어요.

드디어 1942년 4월 18일, 둘리틀 중령이 이끄는 미군 폭격기 16대가 일본 도쿄를 공습합니다. 성과가 크지는 않았어요. 폭탄이 논밭에 떨어지는 등 공장이나 시설 피해도 거의 없었고, 사망자도 50여 명 정도였습니다. 그러나 이건 고도의 심리전이었습니다. '우리도 너희 수도를 직접 공격할 수 있다'라는 메시지를 일본에 던져준 것입니다. 그리고 일본은 엄청난 충격을 받았고요. 일본 왕과 왕궁이 있는 수도 도쿄를 적군이 바로 공격할 수 있다는 걸 깨달았기 때문이지요.

여기서 인류 최초의 항공모함전이 시작됩니다. 불시에 공습을 당한 일본은 태평양 전쟁을 더 서두르게 되고요. 일본은 가장 먼저 호주를 점령할 계획을 세워요. 전쟁에서 밀리고 있는 와중에 왜 호주를 넘보았을까요? 미국이 호주를 전초기지로 삼으면 호주에서 출격시키는 미군 함대와 전폭기들을 감당하기 힘들게 되니까요. 일본은 호주를 본격적으로 점령하기 전에 호주 바로 위에 있는 뉴기니를 지배할 계획을 세웁니다. 그런 다음 호주를 공격할 계획이었죠. 그런데 일본의 이런 움직임을 미군이 암호 해독으로 미리 알아냅니다.

미군은 즉시 뉴기니 인근의 산호해(Coral Sea)로 항공모함을 출동시켜요. 그런데 이런 미국의 움직임을 미리 파악한 일본 또한 항공모함을 산호해로 출동시켰다는 겁니다. 미국과 일본, 양측 모두 알고 있었습니다. 이번 해전 한판의 승패가 태평양 전쟁의 승패를 결정한다는 것을요.

1942년 5월 7일. 미국, 일본 양측의 항공모함들이 호주 바로 위의 산호해라는 바다에서 정면 출동합니다. 이 전투는 인류 역사상 첫 '항공모함전'으로 기록됩니다. 바로 '산호해 해전(Battle Of The Coral Sea)'이 시작된 겁니다. 그런데 초반엔 양측 모두 서로의 항공모함 위치를 찾느라 우왕좌왕했습니다. 전투기에 레이더가 없던 시절이었거든요. 적군 탐지는 오로지 맨눈으로 확인해야 했답니다. 그래서 정찰기의 역할이 정말 중요했지요. 먼저 적군을 찾아내서 공격을 날리는 쪽이 이길 확률이 높던 전쟁이었습니다. 얼마나 허술한 항공모함전이었냐면 작전을 마친 아군 전투기가 적군 항공모함 갑판에 착륙할 정도였답니다.

그다음 날까지 계속된 전투에서 일본의 항공모함 1척이 격침당했어요. 미군으로서는 1척의 항공모함을 완파한 것이죠. 하지만 1척의 항공모함 반파 등의 피해도 당합니다. 항공모함의 수를 봤을 땐 미군의 패배였지만 일본은 미군보다 훨씬 많은 전투기 피해도 봅니다. 객관적으로는 무승부였어요. 하지만 막심한 전투기 피해를 본 일본은 원래 계획이었던 뉴기니 점령을 포기하고 물러갑니다. 그리고 뼈저리게 느낍니다. '이 모든 건 다 미국 항공모함이 방해해서 일어난 일이야. 미국 항공모함을 다 부숴버려야겠어!'라고 결심하는 계기가 되죠. 그리고 태평양 전쟁의 하이라이트라고 할 수 있는 '미드웨이 해전'을 준비합니다.

태평양 전쟁 최대의 승부 미드웨이 해전

영화 〈미드웨이〉(Midway, 2019)를 보신 적 있나요? 태평양 전쟁 부분을 다 읽고 나서 영화를 봐도 늦지 않습니다. 앞서 산호해 전투에서 미국과 일본은 서로를 확실하게 굴복시키지 못했었죠. 일본은 다시 이 전쟁의 승패를 좌우할 작전을 구상합니다. 바로 태평양 한가운데에 있는 미국령 미드웨이 제도를 점령하는 작전이지요.

미드웨이는 하와이 서쪽에 있는 제도예요. 일본군이 이 미드웨이를 점령하면 바로 옆 하와이도 점령할 수 있다고 생각했습니다. 만일 하와이까지 일본의 손에 넘어가면 일본은 미 본토까지 공격을 할 수 있게 되는 것이죠. 샌프란시스코, LA까지 바로 공격할 수 있게 되는 겁니다. 하와이에서 미 본토까지의 거리가 그리 먼 것은 아니니까요. 일본은 그럴 경우

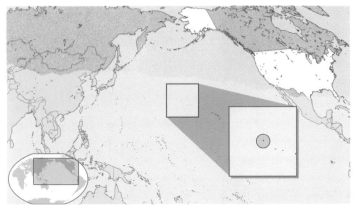

당황한 미국도 전쟁을 포기하고 협상에 나설 거라고 예상한 겁니다.

미드웨이를 점령하는 일본의 계획에 대해, 일본 내에서도 반발하는 목소리가 컸어요. 굳이 미국령까지 무리해서 점령할 필요가 있냐는 말이었죠. 앞서 진주만 공격과는 차이가 있어요. 진주만은 '점령'이 목표가 아니라 '공습'이 목표였잖아요. 그냥 한번 툭 치고 빠지는 식 말이죠. 그런데 미드웨이 작전은 미국령, 즉 미국 땅을 직접 '점령'하는 것이 목표였기 때문에 진주만 공습과는 달리 일본도 부담이 컸어요. 하지만 일본 해군 사령관 야마모토 이소로쿠는 이런 주장을 다 묵살합니다. 그 명분은 바로 '둘리틀 도쿄 공습'이었어요. '기억 안 납니까? 미군이 우리 일왕이 계시는 왕궁까지 폭격하려고 했습니다! 태평양에 미군 군함들이 나돌아다녀서 생긴 일입니다! 태평양에서 미군 군함의 씨를 말려야 합니다!'라고 주장해요. 일왕의 안전까지 거론하는데 누가 감히 반발하겠어요.

일본의 미드웨이 침공 계획을 알아낸
조지프 로슈포르 중령

미국도 산호해 해전 이후 일본이 분명히 추가 공격을 할 것을 예상했었어요. 그런데 그 목표가 어디인지 감이 안 잡히는 겁니다! 미군 내에서는 다음 목표가 하와이가 될 것이다, 아니다 샌프란시스코가 될 것이다, 의견이 난무했습니다. 심지어 영국첩보국은 다음 공격 목표가 인도양 어느 곳이 될 것 같다는 의견까지 내는 등 상황을 더 혼란스럽게 만들었어요. 그러던 중 일본군 비밀 통신문을 미군이 감청하는 데 성공합니다. 일본군 암호를 해독한 미군은 계속해서 'AF'라는 단어가 반복된다는 것을 알아냅니다. 즉, 그 AF라는 곳이 일본군의 다음 공격 목표란 것이지요. 그런데 그 AF가 어디인지 알 수가 없었어요.

이때 조지프 로슈포르(Joseph Rochefort) 중령이라는 인물이 번뜩이는 아이디어를 하나 냅니다. 미군 통신망에 '지금 미드웨이 지역에 식수가 부족하다'란 전문을 올립니다. 마치 실수를 한 듯 암호도 안 걸고 그냥 통신문을 내보낸 겁니다. 일본군은 그것이 '미끼'인 줄도 모르고 덥석 물었습니다. 그리고 일본군 내부 비밀 통신망으로 전신을 보냅니다. 지금 AF 지역에 식수가 부족하다고요. 그걸 또 미군이 감청하고 확신하게 됩니다. AF가 미드웨이며 조만간 일본이 미드웨이를 침공할 거란 사실을요. 게다가 예상 공격일이 1942년 6월 4일이라는 것까지 알아냅니다.

미드웨이 해전에서
미국이 승리한 이유

　　미군은 공격 장소와 공격 날짜까지 알아내지만 또 고민에 빠집니다. 당시 일본군은 미드웨이 공격에 사용할 항공모함 4척을 준비하고 있었지만, 미군은 수리 중인 항공모함 1척 포함해서 총 3척밖에 없었기 때문입니다. 해전에서 항공모함 1척 차이는 어마어마한 전투력 차이를 가져오고요. 미군 수뇌부는 이 상황을 어찌할까 고심합니다. 당시 미 해군 사령관은 체스터 니미츠(Chester William Nimitz) 제독이라는 사람이었는데, 그는 전력의 열세를 극복하기 위해선 '선빵 작전'밖에 없다고 결론 내립니다. 먼저 적군의 위치를 알아낸 다음 전 병력을 다 '올인'해서 기선 제압을 하는 그 작전 말입니다.

　　6월 3일이 되어 미군 정찰기가 미드웨이를 향해 다가오는 일본군 함대를 발견합니다. 미군은 바로 폭격기를 출격시키지만 어이없게도 일본군 함대의 폭탄 하나 제대로 맞히지 못합니다. 일본군의 자신감을 하늘을 찔렀어요. 미군이 폭격기로 공격도 제대로 못한다면서 비웃었죠.

미드웨이 해전의 운명을 바꿔놓은 미 해군의
SBD-3 돈틀리스 급강하 전폭기

드디어 결전의 날, 1942년 6월 4일이 되자 일본군은 본격적으로 미드웨이 공습을 시작합니다. 미드웨이의 미군 격납고, 유류 창고, 활주로 등이 파괴되면서 미군은 엄청난 타격을 입습니다. 궁지에 몰린 미국의 니미츠 제독은 여기서 승부수를 띄웁니다. 모 아니면 도, 이른바 'All or Nothing' 작전입니다. 미군의 3척 항공모함에 실려 있던 152기의 전투기를 일제히 다 출동시켜 일본군을 공격하기에 이릅니다.

먼저 뇌격기들이 발진합니다. 뇌격기란 어뢰로 공격하는 전투기를 말해요. 어뢰를 발사해야 하니까 주로 수면 위에 붙어서 저공비행을 합니다. 하지만 어느 방향으로 가야 하나를 두고 뇌격기들 사이에 의견이 나뉘면서 우왕좌왕했어요. 일본 전투기들이 그런 오합지졸을 가만 놔둘 리 없겠죠. 거의 다 격추합니다. 그나마 미군 뇌격기 한 대가 일본 항공모함 '카가(加賀)'에 접근해서 어뢰를 발사해 보지만 카가를 지휘하던 함장은 항공모함을 좌우로 요리조리 곡예 운전하면서 어뢰를 피하기까지 했습니다.

그런데 이때까지 일본군은 자신들이 엄청난 허점에 빠져 있다는 걸 몰랐어요. 일본군 전투기들은 낮게 저공비행을 하는 뇌격기들을 상대하기 위해 자기들도 저공비행을 하던 중이었거든요. 그 말은 고공, 즉 높은 하늘 위는 뻥 뚫려 있었다는 겁니다. 그런데 마침 그 뻥 뚫린 고공 하늘에 미군의 급강하 전폭기들이 나타났습니다! 급강하 전폭기란 하늘 위에서 거의 수직으로 아래로 꽂히면서 폭탄을 투하하는 전폭기를 말합니다.

운명의 5분으로
승패가 결정되다

　놀랍게도 고공에 나타난 미군 전폭기는 미리 계획하고 공격 경로를 택한 것이 아니라, 그야말로 길을 잃고 헤매다가 마침 일본군 전투기들이 저공비행을 하던 때에 그 위에 나타나게 된 것입니다. 정말 행운이었죠. 전투기들은 상황을 파악하고 기회를 놓치지 않기 위해 일제히 급강하를 시작하며 일본 항공모함에 폭탄을 투하했고요. 이것이 바로 '운명의 5분(Five Fatefull Minutes)'입니다. 미군의 급강하 폭격기의 단 5분간의 폭격으로 일본 항공모함이 무려 3척이나 격파한 사건을 일컫습니다. 미군의 입장에선 정말 '하느님, 감사합니다'라는 소리가 나올 만한 순간이었죠.

　이 '운명의 5분'은 영화 〈미드웨이〉(Midway, 2019)에서 잘 묘사되었습니다. 고증도 잘 되어서 손에 땀을 쥐게 하는 명장면으로 탄생했죠. 나중에 미 해군 니미츠 제독은 이런 말을 했어요. 그때 미 급강하 전폭기들이 조금만 더 늦게 도착했어도 미군은 일본군에게 졌을 테고 또 미드웨이에서 참패하여 태평양 전쟁 자체도 졌을 거라고요. 미국의 운명을 바꿔준 결정적인 5분이었습니다. 이제 일본군은 항공모함 1척이 남아 있었지요. 미군은 최후의 반격에 나섭니다. 1차 공격에서 큰 공을 세웠던 급강하 폭격기들이 모두 출격해서 마지막으로 남아 있던 일본 항공모함을 격침했어요. 일본이 끌고 왔던 항공모함 4척이 모두 파괴되는 순간이었습니다.

하늘을 날고 있던 일본군 전투기들은 착륙할 항공모함이 없어져 처량하게 하늘을 빙빙 돌다가 모두 바다로 추락하고 맙니다.

미드웨이 해전은 초반 전력의 열세에도 불구하고 '하늘이 도우사' 미국의 압도적인 승리로 끝납니다. 일본의 모든 항공모함은 물론, 신고 왔던 전투기들마저 거의 다 잃게 되었고요. 그에 비해 미국은 단 1척의 항공모함만 격침되었답니다. 그러나 일본은 항공모함보다 더 큰 피해를 봤습니다. 바로 수백 명에 달하는 전투기 조종사들, 그리고 항공모함과 전투기를 수리하는 고급 기능사들을 한꺼번에 다 잃어버린 것이죠. 모두 바다에 수장됐으니까요. 아시다시피 비행기 조종은 '3개월 속성' 이런 게 없습니다. 정말 많은 시간과 돈을 투자해야 만들어지는 것이 고급 인력 전투기 조종사들인데 단 한 번의 전투로 다 잃어버린 겁니다. 이후 일본은 미군과의 해전에서 연전연패하게 됩니다.

일본의
연전연패

미드웨이에서의 패전 이후 일본은 더 다급해졌습니다. 무엇보다도 원래 목표였던 동남아 지역을 확실히 일본 영역으로 확보하려고 합니다. 석유 때문에 벌인 전쟁이기도 하고요. 만일 여러분이 일본의 사령관이라면 동남아를 차지하기 위해 어디를 먼저 점령할까요? 동남아 지도를 보고 있자니, 저 같으면 남태평양 솔로몬제도를 가장 먼저 넘볼 것 같습니다. 그곳에서 확실히 버티고 있으면 동남아나 호주로 들어오는 미군을 충분히 막을 수 있지 않을까 합니다. 당시 일본군 수뇌부도 그렇게 생각했어요. 만일 뉴기니에 일본 공군 기지가 생긴다면 군이 항공모함을 쓰지 않더라도 그곳에서 바로 일본 전투기를 발진시켜 호주도 공격하고 다가오는 미군도 공격할 수 있잖아요.

솔로몬제도의 동남쪽에 위치한 과달카날섬

일본은 결심합니다. 남태평양 솔로몬제도 동남쪽의 '과달카날섬'을 점령하여 그곳에 공군 기지와 활주로를 건설하기로요. 그리고 이 건설 작업은 우리에게 가슴 아픈 일이었습니다. 과달카날에서 일본군의 활주로를 만든 건 우리나라에서 강제로 끌려간 수천 명의 조선인이었습니다. 활주로가 거의 다 완성되어 간다는 소식을 들은 미국은 마음이 급해졌습니다. 완공되기 전까지는 과달카날을 점령해야 승산이 있었으니까요. 미국도 과달카날의 전략적 중요성을 알고 있었습니다.

1942년 8월 7일, 미 해병대 1사단 1만 5,000명의 병사가 과달카날에 상륙해서 일본군과 치열한 교전을 벌입니다. 이것이 태평양 전쟁의 '과달카날 전투(the Battle of Guadalcanal)'입니다. 참고로 미 해병 1사단은 이후 인천상륙작전에서도 선봉에 섰답니다. 이 교전은 태평양 전쟁 중 첫 미국과 일본이 육지에서 치른 첫 지상전으로 기록됐어요. 8월에 시작된 과달카날 전투는 해를 넘겨 1943년 2월까지 계속됩니다. 치열한 살육전이 이어지다가 시간이 갈수록 미 해병대의 막강한 화력에 일본 지상군이 점점 밀리기 시작합니다. 미군의 파상공세로 인해 섬에 주둔해 있던 일본군 3만 명 가운데 무려 2만 5,000명이 전사했어요. 거의 전멸이었죠.

1943년 2월 9일, 결국 일본은 과달카날을 포기하고 철수 결정을 내립니다. 미드웨이 해전에 이어 미국이 2연승을 달성하는 순간이었습니다. 일본은 슬슬 두려움에 빠집니다. '우리가 미국과의 전쟁에서 완전히 질 수도 있다'라는 현실을 느끼기 시작했거든요. 급기야 자국민들을 속이기 시작해요. 과달카날 전투에서 패배한 후 일본은 대국민 발표를 했습니다. '우리 일본은 과달카날에서 적군을 성공적으로 격퇴하였다. 이제 일본에게 남은 것은 전진뿐이다'라는 새빨간 거짓말이었어요.

과달카날 전투에서 승리한 미군은 아예 일본의 숨통을 끊기 위해 적극적으로 공격에 나섭니다. 당시 태평양 전쟁을 이끌고 있었던 일본의 야마모토 이소로쿠 사령관이 파푸아 뉴기니를 시찰하러 올 거라는 첩보를 입수합니다. 그리고 당일인 1943년 4월 18일에 전투기를 띄워서 이소로쿠 사령관이 타고 있던 군용기를 공중에서 격추하는 대담함까지 보입니다. 최고 사령관 사망 소식에 미군의 기세는 하늘을 찔렀고 일본군은 절망에 빠져요. 전쟁 중 사령관의 사망 소식은 병사들의 사기에 엄청나게 큰 영향을 주지요. 한번 승기를 잡은 미군은 그 승기를 놓치지 않고 더욱 거칠게 밀어붙이기 시작합니다.

이오지마에서 온
편지

　미군 수뇌부는 이 전쟁을 끝내기 위해서는 일본 본토 공격이 꼭 필요하다는 결론을 내립니다. 그리고 그 목표를 이루기 위해 일본령 사이판을 점령하는 것이 필수라고 판단하고요. 일본 본토를 공격하려면 B-29 등 대형 폭격기들이 출격해야 하는데 항공모함에서는 절대 이륙할 수 없는 상황이었죠. 거리 계산을 해보니 사이판을 점령하면 항속거리 5,000킬로미터에 달하는 B-29 폭격기가 사이판을 이륙해서 일본의 수도인 도쿄를 충분히 공습할 수 있다는 결론이 나온 겁니다. 그리고 1944년 6월 11일, 미 전투기 1,100대가 일제히 사이판을 공습하면서 사이판 점령 작전이 시작됩니다. 그리고 6월 12일까지 이틀 동안 무려 17만 발의 함포 사격으로 사이판의 일본군 기지들을 말 그대로 가루로 만듭니다.

　격렬히 저항하던 일본군은 미국의 막강 화력 앞에 결국 무릎을 꿇습니다. 7월 5일, 사이판 주둔 일본군 사령관 나구모 주이치(南雲忠一) 제독이 패배 직전 자결을 합니다. 그리고 나머지 일본군들은 사이판의 한 절벽에서 "일왕 폐하! 반자이!(만세)"를 외친 후 몸을 던졌고요. 이곳이 현재, 사이판의 유명 관광명소가 된 일명 '만세 절벽(Banjai Cliff)'입니다. 강제로 끌려온 조선인들도 이 절벽에서 뛰어내리며 한 많은 삶을 마감했습니다. 사이판은 이렇게 미군의 손에 들어오게 되었고, 일본 본토를 공격할

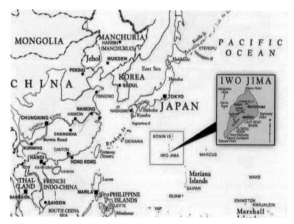

태평양 전쟁 중 미군이 처음으로 점령한 일본 영토인 이오지마

수 있는 가시권도 얻게 되었습니다.

'이제 확실히 일본의 숨통을 끊어버리자!' 사이판을 확보한 미군 수뇌부는 일본 도쿄 공습을 더욱 확실하게 성공시키기 위해 일본 본토와 가까운 섬을 수소문합니다. 그리고 '이오지마섬'이란 곳을 점령하기로 해요. 이오지마섬은 일본 수도 도쿄 남쪽으로 1,100킬로 정도 떨어진 곳에 있는 작은 화산섬입니다. 여기는 일본이 다른 나라에게서 빼앗은 일본령이 아니라 원래부터 일본 영토였던 섬이었어요.

미군이 태평양으로 밀려들어 올 때 위협을 느꼈던 일본군은 이미 이오지마섬에 공군 활주로와 레이더 기지를 건설해둔 상태였습니다. 이곳에서 상황을 살피다가 도쿄를 공습하러 날아가는 미군 폭격기를 요격하든지 아니면, 적어도 일본 도쿄에 미군 폭격기가 날아가는 중이라는 경고라도 할 수 있으니까요. 미군이 이 섬을 차지한다는 건 일본으로서는 절

대 용납할 수 없는 일이었을 겁니다. 일단 수도
에서 너무 가까운 위치고, 지금까지 미군과의
전투에서 '오리지널 일본 영토'를 빼앗긴 일은
없었으니까요.

1945년 2월 19일. 미 해병대 병력이 일제히
이오지마에 상륙했습니다. 그러나 이오지마
를 책임지고 있던 구리바야시 다다미치(栗林忠
道) 중장은 영리한 사람이었습니다. 객관적으
로 병력이 열세인 일본군이 이른바 '돌격 작전'

이오지마를 끝까지 사수했던
구리바야시 다다미치 육군 중장

을 하는 건 자살행위라고 생각했어요. 그저 '일왕폐하 만세!'를 외치며 폭
탄을 들고 적진에 뛰어드는 것도 미친 짓이라는 걸 알고 있었지요. 굉장
히 합리적인 사람이었습니다. 이쯤에서 영화 이야기를 안 할 수 없겠습
니다. 클린트 이스트우드가 감독으로 활약했던 작품 〈이오지마에서 온
편지〉(Letters From Iwo Jima, 2006)가 이오지마 전투를 그린 영화예요. 영
화에서는 와타나베 켄이란 일본 배우가 구리바야시 중장 역을 연기했죠.
일본군을 모두 악마처럼 표현하지 않고, 그들도 한 사람의 인간이자 병
사였다는 시각으로 만든 영화이기도 합니다. 하여간 구리바야시 중장은
오랫동안 섬을 방어하면서 최대한 미군에게 타격을 주는 지연 작전을 씁
니다. 만일 섬이 미군에 넘어가더라도 최대한 늦게 넘겨줄 것이고, 또 나
중에 미군이 일본 본토에 상륙하는 일이 있더라도 최대한의 '끔찍한 트
라우마'를 남겨줘서 상륙을 주저하게 만든다는 게 그의 목표였습니다.

구리바야시 중장의 계획은 성공했습니다. 원래 일주일이면 충분히 점

이오지마에서 가장 높은 스리바치산에 성조기를 게양하는 미군

령할 수 있을 거라고 계산했던 미국의 계획은 수포로 돌아갔고 무려 한 달이나 벌어진 살육전 끝에 겨우 섬을 점령할 수 있었습니다. 이 손바닥만 한 섬 하나 차지하기 위해 양측 다 엄청난 피해를 입었어요. 미군은 6,800명이 전사했고, 일본군은 거의 전멸했습니다. 섬에 주둔하던 1만 8,000명의 일본군이 목숨을 잃었고, 살아서 포로가 된 일본군은 겨우 216명뿐이었습니다. 섬을 점령한 미군은 이오지마섬에서 가장 높은 '스리바치산' 정상에 성조기를 높게 세웁니다. 역사를 배우다가 어디에선가 한번쯤 보았을 법한, 미군의 상징이 된 그 일입니다. (섬에 세워진 성조기 사진이 조작이라는 설도 있습니다.) 그렇게 이오지마섬이 미군에 넘어가

면서 일본은 패닉에 빠집니다. 전쟁 시작 후 일본 영토가 처음으로 미국에 빼앗긴 사건이었기 때문입니다. 그리고 이제 수도 도쿄는 미 공군의 공습에 완전 무방비 상태가 되었습니다.

지옥이 시작되다, 도쿄 대공습

사이판과 이오지마를 점령한 미군은 이제 B-29와 같은 초대형 폭격기를 이륙시킨다면 도쿄 공습이 가능하게 되었습니다. 커티스 르메이(Curtis LeMay) 장군은 도쿄 대공습을 계획하고, 작전을 총지휘했던 사람입니다. 그는 도쿄를 공습할 때 민간인까지 전부 공격 대상에 포함시킵니다. 잔인하다는 반발도 있었지만 그는 이렇게 대꾸했습니다. '무고한 민간인은 없다'라는 말이었죠. 전쟁의 책임이 정부나 군인뿐만 아니라 그 나라 국민 모두에게 있다는 뜻을 담고 있었습니다.

1945년 3월 9일, 사이판 등에서 총 344대의 B-29 대형 폭격기를 이륙시킵니다. 그리고 폭격기를 '소이탄'으로 무장시켜요. 소이탄은 온도가 섭씨 3,000도까지 오르고 주변 반경 3킬로미터 이내를 다 불태워버리는 지옥의 폭탄입니다. 커티스 르메이는 도쿄 시내 건물이 다 목조건물이란 걸 염두에 둔 겁니다. 그야말로 모조리 다

도쿄대공습을 주도한
커티스 르메이 미 공군 장군

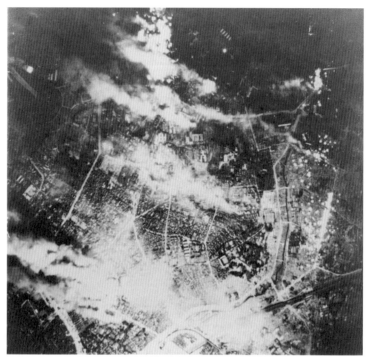
20만 명 이상 목숨을 잃은 도쿄 대공습

태워서 쓸어버리겠다는 결심으로 보입니다. 소이탄을 조금이라도 더 싣
고 가기 위해 폭격기의 기관총까지 뗄 정도였습니다. 도쿄 상공에 도착
한 B-29 폭격기들은 도쿄 시내의 약 9,000개 타깃을 불바다로 만듭니
다. 도쿄 시민들은 완전히 불구덩이에 갇히고 맙니다.

당시 미군 B-29 폭격기들은 공습의 정확도를 위해서 저공비행을 했
습니다. 폭격기 조종사들은 불에 타는 도시와 시민들을 보다 가까이에서
두 눈으로 똑똑히 목격했겠지요. 일부 조종사는 한 손으로는 조종간을

잡고 다른 한 손으로는 기도를 했다는 이야기까지 전해집니다. '주여, 제가 지금 무슨 짓을 하는 겁니까?' 그들도 눈앞에 펼쳐지는 생지옥을 견디기 힘들었을 겁니다. 하지만 미군은 거기서 그치지 않았습니다. 3월 11일 나고야 공습, 3월 13일 오사카 공습, 3월 16일 고베 공습, 3월 18일 나고야 2차 공습까지. 그야말로 일본을 재기 불능 상태로 만들기 시작했습니다.

게다가 일명 '기아 작전'에 들어갑니다. 일본 국민들을 다 굶겨서 살아남지 못하게 하겠다는 작전이었어요. 미군은 일본 주요 항만 도시 앞바다에 기뢰 1만 2,000개를 뿌립니다. 일본은 섬나라잖아요. 바다를 통해 물자 수송을 받는데 그걸 다 끊는 작전이었던 겁니다. 일본에 들어갈 물자를 싣고 들어오던 수많은 수송선은 모조리 바다 위에서 기뢰로 격침됩니다.

이쯤 되면 일본은 항복했었어야 합니다. 수도는 불바다가 되었고 섬은 다 봉쇄되었고 국민들은 폭격을 맞거나 굶어 죽어가고 있었죠. 그러나 일본군 수뇌부는 '본토 대결전'을 준비합니다. 끝까지 싸우다 죽겠다는 생각이었어요. 심지어 여중생들에게도 죽창을 쥐여주고 육탄전 연습을 시킵니다. 일본군 수뇌부는 이런 말까지 했어요. "미군이 일본에 상륙하면 일본 민간인 3명이 죽창을 들고 달려가서 덤벼라. 그럼 미군 한 명은 죽일 수 있다"라는 망언이었습니다. 이런 상황에서 미국은 일본 본토 바로 코앞까지 올라가 일본을 거의 가라앉힐 작전을 준비합니다.

오키나와 전투 그리고
가미카제 특공대

이오지마를 점령하고 도쿄 대공습을 마친 미군은 좀 더 본토로 가까이 다가갈 수 있는 작전을 세웠습니다. 바로 오키나와 점령이었습니다. 오키나와는 일본 규슈 아래에 있지요. 만일 미군이 오키나와를 점령하면 일본 규슈 점령은 누워서 떡 먹기고 규슈가 미군에 넘어가면 일본 본토 점령은 기정사실이 되는 거였습니다. 1945년 4월 1일. 미군은 총 55만 명의 대규모 병력으로 오키나와 점령 작전에 들어갑니다. 오키나와에 주둔하고 있던 약 12만 명의 일본군은 죽음을 각오하고 미군과 맞서 싸웁니다. 특히 일본군은 모두 '옥쇄(玉碎)'를 각오합니다. '옥처럼 아름답게 부서지다'라는 뜻으로 일왕을 위해 싸우다가 아름답게 죽겠다는 얼토당토않은 말이었습니다.

게다가 일본군들은 오키나와 주민들에게 자살을 강요했어요. 미군에게 붙잡히면 성폭행당하고 개죽음을 당한다, 호된 꼴을 겪기 전에 스스로 목숨을 끊으라고 한 것이죠. 말도 안 돼 보이지만, 놀랍게도 실제로 수많은 오키나와 주민들이 자결합니다. 가족이 서로를 죽이고 동반 자살도 수없이 일어났습니다. 그렇게 12만 명의 무고한 주민들이 죽었어요. 일본군의 악독한 저항으로 오키나와 전투는 무려 83일간 계속됩니다. 미군은 가까스로 오키나와 점령에 성공하지만 미군도 거의 5만 명에 달하는 전사자가 나왔어요. 일본군은 거의 10만 명이 전사해서 그 규모를 비교

할 수는 없었지만요. 멜 깁슨 감독의 〈핵소 고지〉(Hacksaw Ridge, 2016)는 오키나와 전투의 잔혹함을 담은 영화입니다.

오키나와 전투에서 일본은 가미카제(神風) 특공대를 적극적으로 활용했습니다. 가미카제 특공대는 역사 속에서 많이 언급되었던 일본의 공군 자살 특공대를 일컫습니다. 이미 수많은 전투에서 정예 전투기 조종사들을 잃은 일본은 마지막 발악을 합니다. 어리고 조종 경험도 없는 풋내기 조종사들에게 목적지 근처까지만 갈 수 있는 연료를 넣은 전투기를 몰고 가서 다른 전투기에 돌진하게 시킨 것입니다. 상식적으로 전투기 조종은 숙련된 조종사만이 제대로 할 수 있습니다. 자동차만 하더라도 3~4개월 운전해서는 아직 초보운전인데, 전투기 조종을 속성으로 가르친다고 과연 제대로 조종이 가능했을까요? 약 1,000대의 가미카제 특공대 전투기가 오키나와 전투에 희생됐는데 안타깝게도 목표물까지 제대로 날아간 전투기는 거의 없었습니다. 실수든 조종 미숙이든 가는 도중 바닷속으로 떨어졌습니다.

일본의 고집으로
반토막 난 한반도

1945년 4월이 되자 소련은 태평양 전쟁에 적극적으로 참전을 할 기미를 보입니다. 이미 유럽에서 2차 대전이 마무리되고 있었기 때문에 어느 정도 여유가 생긴 때였지요. 그런데 미국은 소련의 태평양 전쟁 참여를 막으려고 했어요. 미국이 수많은 희생을 치르면서 거의 다 끝낸 전쟁인데, 이제 와서 소련이 숟가락을 얹게 할 수는 없었어요. 만일 도쿄 대공습으로 수도가 불바다가 된 1945년 4월 즈음, 일본이 미국에 항복했다면 한반도는 남북으로 쪼개지지 않았을 겁니다. 그리고 일본은 원자폭탄의 처참함을 경험하지 않았을 수 있습니다.

하지만 일본은 끝까지 버티면서 소련의 참전을 기다렸어요. '천황제 유지'가 그 이유였어요. 일본이 설사 지더라도, 미국에 항복할 바에는 소련에 항복하는 것이 천황제 유지에 더 유리하다고 판단한 겁니다. 수많은 사람이 죽어 나가는 판국에 일왕과 일본 정부는 고작 천황제 유지에 집착하고 있던 겁니다. 그리고 일본은 자국민들에게 '본토 사수'를 외칩니다. 모든 국민이 들고일어나 일왕을 지키자는 뜻이었죠.

미국은 2차 대전이 종료된 1945년 7월 26일, 독일 포츠담에서 포츠담 선언(Potsdam Declaration)을 합니다. 잠시 간단하게 설명하자면 '우리가 한 번 더 기회를 줄 테니까 일본 너네는 무조건 항복해!'라는 내용입니다. 정말 안타까운 점이 있다면, 이 포츠담선언이 7월 26일에 이루어졌는데, 일본이 만약 바로 항복했다면 8월 8일 소련군의 태평양 전쟁 참전 또한 없었을 겁니다. 하지만 이미 말했듯이 역사에서 '만약에'라는 가정은 없습니다.

일본 정부는 끝까지 미국의 항복 제안을 완전히 무시합니다. 그러고는 소련에게 매달리기 시작해요. 소련에게 빨리 참전해달라고 요청하기까지 합니다. 그래야 자신들이 신처럼 모시는 일왕을 계속 그 자리에 앉힐

히로시마에 떨어진 원자폭탄(왼쪽), 나가사키에 떨어진 원자폭탄(오른쪽)

수 있으니까요. 소련은 만주와 한반도 지배권 그리고 쿠릴 열도 진출 등을 목표로 태평양 전쟁 참전 여부에 대한 고민을 하던 중이었답니다. 소련은 이미 시작된 미국과의 경쟁에서 태평양 지역의 패권 확보를 위해서 그리고 만주와 극동 지역의 영향력 확대를 위해 태평양 전쟁 막판에 일본과의 전쟁에 뛰어듭니다. 결국 소련은 히로시마 원폭 투하 이틀 후인 1945년 8월 8일, 일본의 소원대로(!) 일본에 선전포고하고 태평양 전쟁에 참전하죠. 그리고 결과적으로 미국과 소련의 한반도 점령, 38도 선으로 인해 남북한이 분단됩니다. 우리가 일본을 용서할 수 없는 이유 중 하나입니다.

일본, 인류 최초로
원자폭탄를 맞다

일본이 끝까지 버티자 미국은 이른바 '몰락 작전(Operation Downfall)'을 구상합니다. 일본 주요 도시에 원자폭탄을 하나씩 다 떨어뜨려 풍비박산을 만들고, B-29 폭격기 6,000대를 출격시켜 일본의 논밭을 다 초토화한 후, 거기에 제초제까지 뿌려 앞으로 농사를 못 짓게 만들겠다는 구상이었죠. 공격 강도를 보면 일본을 세계지도에서 지워버리려 한 시도처럼 보였습니다. 구상 단계에서 그쳐서 망정이지, 그 수준까지는 가지 않아서 일본으로서는 다행인 일일지도 모릅니다.

일왕이 패전을 선포하는 옥음 방송을 들은 일본인들이 오열하고 있다

미국이 일본에 원자탄 투하를 결정한 이유 중 하나는 미군이 일본 본토 상륙 시 예상되는 '사상자 수' 때문이었습니다. 이미 이오지마와 오키나와에서 지옥같이 달려들던 일본군을 경험한 미군 역시 엄청난 트라우마에 시달렸으니까요. 미군은 자국 군인의 피해를 최소화하면서 일본이 무조건 항복하게 만드는 방법으로 원자폭탄 투하를 결정하게 된 것입니다.

1945월 8월 6일, 히로시마 현지 시각 오전 8시 15분. 히로시마에 원자폭탄이 투하됩니다. 그리고 8월 9일, 두 번째 원자폭탄이 나가사키에 투하됩니다. 일본은 더 이상 버틸 수가 없었습니다. 다음 목표는 일왕이 살고 있던 도쿄 혹은 적어도 일본의 상징적 수도 교토가 쑥대밭이 될 가능성이 높았기 때문입니다.

1945년 8월 15일 정오. 일왕 히로히토는 이른바 '옥음(玉音, 일왕의 음성이라는 뜻) 방송' 라디오 연설을 통해 패전 사실을 일본 국민들에게 알립니다. 일왕을 신으로 생각하던 일본 국민들은 왕의 육성을 처음으로 직접 듣고 충격을 받습니다. 그리고 신으로 생각했던 왕이 고통스러운 목소리로 패전을 언급하자 일본 국민들은 주저앉아 통곡했습니다. 이 패전 사실을 받아들이기 힘들었던 일부 일본군 장교들은 일왕 히로히토고 뭐고 다 필요 없다, 일본은 지면 안 된다고 외치며 쿠데타까지 시도했습니다. 물론 진압이 되었지만, 그만큼 일본의 상황은 수습 불가 상태와 비슷했습니다.

1945년 9월 2일. 일본 도쿄만에 정박한 미 해군 미주리호 함상에서 일본은 항복 문서에 서명합니다. 일본 측에선 외무대신 시게미쓰 마모루(重光葵)가 사인했는데 그는 다리를 절면서 들어왔습니다. 1932년 중국

미 전함 미주리호에서 일본 외무대신 시게미쓰 마모루가 항복 문서에 서명을 하고 있다

상하이 훙커우 공원에서 윤봉길 의사가 던진 폭탄에 다리 부상을 입었었
거든요. 항복 문서에 서명 후 일본은 드디어 태평양 전쟁의 패전국으로
남습니다. 1853년 도쿄만에서 미국에 의해 강제 개항당했던 일본은 약
100년이 지난 1945년, 같은 자리에서 미국에 항복하게 된 것입니다.

태평양 전쟁에서 패배한 일본의 상황은 그야말로 '석기시대'로 돌아간
상태였습니다. 생활에 필요한 물품이나 시설이 거의 없다시피 했고, 먹
을 음식조차 없어 굶어 죽는 사람도 속출했습니다. 그런데 이런 일본을
구해줄 구세주가 등장했습니다. 바로 1950년 한국전쟁이었죠. 당시 요
시다 시게루(吉田茂) 일본 총리는 한반도에서 전쟁이 터졌단 소리를 듣고
이런 말을 했다고 하죠. "우리 일본은 이제 살았다."

태평양 전쟁 편 마치겠습니다.

미드웨이
Midway

개봉	2019
장르	드라마, 전쟁
감독	롤랜드 에머리히

승리의 미드웨이 해전

영화 〈미드웨이〉는 진주만 공습 이후 태평양 전쟁 중 미국이 승기를 잡고 일본을 압도하기 시작한 결정적 계기가 된 미드웨이 해전을 그린 영화입니다.

이미 1976년에 개봉한 찰턴 헤스턴, 헨리 폰다 주연의 〈미드웨이〉라는 동명의 영화가 있습니다. 당시 기술력 등을 고려해봐도 고증이 상당히 잘된 영화였죠. 하지만 해전의 하이라이트라고 할 수 있는 '운명의 5분' 장면은 2019년 개봉한 〈미드웨이〉가 1976년 개봉작을 완전히 압도합니다. 어쩔 수 없는 영화 제작 기술력 차이지요. 특히 미군의 '돈틀리스(dauntless) 급강하 전폭기'들이 일본 항공모함들을 수직 하강 공격을 하는 장면은 2019년판 영화의 백미랍니다.

물론 영화가 미드웨이 해전뿐 아니라 진주만 공습, 둘리틀 공습까지 다 보여주려고 해서 감독의 과욕이 담겼다는 비판도 있지만 이 '운명의 5분' 공습 장면 하나로 모든 비판이 다 상쇄된답니다. 그만큼 명장면입니다. 태평양 전쟁의 전반적인 흐름을 이해하기 위해서 꼭 봐야 하는 영화랍니다.

태평양 전쟁을 다룬 썬킴의 오디오클립을 들어보세요

아편전쟁

1841년 8월, 영국군 1만 명은 장강을 거슬러 올라가며 길목에 있는 상하이 등 도시들을 다 쳐부수며 진격합니다. 그렇게 중국의 경제 수도인 난징 바로 앞까지 영국군 군함들이 몰려온 겁니다.

난징이 함락될 위기에 처하자 포팅거의 예상대로 중국은 바로 백기를 듭니다. 그리고 1842년 8월 29일, 두 나라는 난징에서 조약에 서명합니다. 이 '난징조약'으로 아편전쟁은 막을 내리게 됩니다.

4장

아편전쟁에서 국공내전까지
중국 근대사

1840-1949

중국 근대사의 주요 사건

1840	3월 19일	1차 아편전쟁 발발
1842	8월 29일	청나라, 영국과 난징조약 체결 홍콩, 영국에 할양
1856	10월 8일	2차 아편전쟁 발발
1911	10월 10일	우창 봉기 발생 신해혁명 시작
1912	2월 12일	청나라 마지막 황제 선통제 퇴위 청나라 붕괴
1919	5월 4일	중국 근대화의 시발점, 5·4운동 시작
1924	1월 20일	1차 국공합작
1934 ~1935		중국 공산당, 대장정에 오름
1945	8월 15일	중일전쟁 일본 패망 이후 최후의 국공내전 시작
1949	10월 1일	마오쩌둥, 국공내전 승리 후 중화인민공화국 성립 선포

목화 때문에 시작된
영국의 산업혁명

중국사에 대해 배우기 전에 먼저 영국으로 가야 합니다. 1700년 이전 영국이죠. 영국인들은 대개 양모로 된 옷을 입고 다녔어요. 양털로 만든 옷은 사실 실용적이진 않죠. 여름에 입기에는 덥고, 세탁을 잘못해서 옷 버리는 경우도 있으니까요. 그런데 인도에서 만든 면직물, 즉 목화로 만든 옷들이 영국에 들어오기 시작합니다. 인도산 면직물을 입은 영국인들은 큰 충격에 빠집니다. 이렇게 감촉도 좋고 편한 옷은 처음이었거든요. 면직물 옷은 빨면 빨수록 더 입기 좋아지는 특징이 있지요. 영국인들은 너도나도 인도산 면직물을 달라고 외쳤습니다. 오죽했으면 당시 영국의 모든 여성이 인도산 면직물을 입는다는 소문까지 났을까요.

그런데 인도에서 들어오는 인도산 면직물의 양이 점점 많아지다 보니 양모를 생산하는 영국 농장들은 큰 타격을 받았었어요. 결국 1720년, 영국 의회가 국내 양농장의 안정적인 운영을 위해 인도산 면직물 수입 금지령까지 내렸습니다. 하지만 이미 면직물의 편안함에 눈을 뜬 영국인들은 아예 면직물을 만들 수 있는 원료를 영국으로 수입해 들여와 직접 면옷을 만들기 시작했습니다. 이왕 만들기 시작했고 더 많이 생산하기 위해서 면을 짜는 방직기를 만들었고요. 그 방직기를 개량하고 그러다 결국 방직기계를 만들어 면직물을 대량으로 찍어내기 시작했죠. 다만 방직기를 철로 만들다 보니 더 많은 철광석이 필요했답니다.

그러다 문제가 생겨요. 주로 지하 탄광에서 철광석을 캐서 썼는데 그렇게 굴을 파다보니 구덩이가 생긴 곳에 자꾸 물이 고이는 겁니다. '이 고인 물을 어떻게 퍼내지?' 고민하다가 증기기관으로 물을 뽑아내는 펌프를 개발합니다. 원래 탄광에 고인 물을 뽑아내기 위해 개발된 증기기관은 점점 발전을 거듭하다가 기계를 돌리는 원동력으로 쓰이게 되었고, 최종적으로는 기차나 증기선을 움직이게 만드는 엔진 역할도 하게 됩니다.

이런 과정이 연쇄 폭발을 일으켜 공업 생산력이 날개 돋친 듯 향상된 것이 우리가 알고 있는 영국의 산업혁명이고요. 물론 영국의 산업혁명 과정은 이 내용보다 훨씬 더 복잡하지만, 간단하게나마 산업혁명의 원인과 결과를 요약해보았습니다. 즉 영국인들의 면직물 수요가 결과적으로 산업혁명을 일으켰다고 보는 거죠.

영국은 첨단 방직기로 면직물을 '마구' 찍어냈고, 어느 샌가부터 면직물이 남아돌게 되었습니다. 영국은 이 잉여 면직물을 구매할 새로운 고객을 찾아나섭니다. 그런 영국의 눈에 인구 1억이 넘던 인도의 면직물 시장이 눈에 딱 들어온 거고요. 영국은 인도를 식민지로 만들기 위한 작업을 시작해요. 그런데 같은 시간 영국의 영원한 앙숙 프랑스도 똑같이 인도 시장에 눈독을 들이고 있었어요. 결국 1757년 벵골지역(지금의 방글라데시)에서 인도 대륙 주도권을 놓고 영국과 프랑스가 한판 붙습니다. 영국이 이겼고 프랑스는 쫓겨납니다.

그 이후 영국은 본격적으로 인도 대륙을 식민지화하기 시작해요. 그리고 영국에서 만든 면직물을 인도 시장에 마구 쏟아내서 팔기 시작합니다. 그럼 인도 면직물 산업은 어떻게 되었을까요? 일단 영국은 인도가 자국 면직물을 해외에 수출하지 못하게 막습니다. 그리고 인도 국내에 있던 면직물 공장을 별의별 말도 안 되는 구실을 붙여 문을 닫게 만듭니다. 결과는 어땠을까요? 인도 면직물 시장은 완전히 무너졌습니다. 영국은 인도인이 당국 몰래 면직물을 만들다 걸리면 손목을 자르는 잔인한 만행도 저질렀어요. 여러분이 좋아하는 프리미어리그의 나라, 비틀즈의 나라가 예전에는 그랬답니다.

무역 적자는
아편으로 메우자!

홍차가 붉은 색이니까 '레드 티(Red Tea)'라고 생각한 적 있나요? 만약 레드 티라고 말한다면 외국인은 상한 차라고 오해할 겁니다. 홍차는 영어로 '블랙 티(Black Tea)'입니다. 말려서 발효한 찻잎을 보면 검정색에 가까운 어두운 색이지요. 하여간 이 홍차, 특히 중국 복건성에서 만

들어진 홍차가 1630년경에 영국으로 들어와요. 동양에서 수입된 이 홍차는 단번에 영국인들의 영혼까지 휘어잡았지요. 특히 귀족 부인들 사이에서 선풍적인 인기였답니다. 당시 영국에는 '커피하우스'라는 사교 모임 장소가 영국 시내 곳곳에 있었습니다. 문제는 그곳에 남자만 들어갈 수 있었다는 점입니다. 당연히 소외감을 느낀 당시 영국의 '귀부인'들은 커피를 대체할 만한 음료를 찾기 시작했어요. 그래서 여자들끼리 따로 모여 중국에서 수입된 홍차를 마시기 시작했답니다. 영국인들이 마시기엔 중국 홍차가 쓰지 않냐고요? 영국 귀족 여성들은 홍차에 원하는 만큼의 설탕이나 우유를 넣어서 마셨습니다. 맛이 훨씬 좋아지자 사람들은 자신만의 레시피로 홍차를 마시기 시작했고요. 결국 그 '달달한 중국 홍차'는 영국 사회에서 대유행이 되었고 꾸준히 사랑받는 '국민 차'가 되었습니다.

문제는 영국인들이 중국산 홍차에 중독되기 시작했다는 겁니다. 이 때문에 영국은 무역 적자에 시달리게 되었고요. 영국은 적자를 해소하기 위해서 식민지 인도에서 영국의 최신식 방직기로 찍어낸 '값싼' 면직물을 대량으로 중국에 팔기로 했어요. 이른바 '박리다매' 전략이었지요. 하지만 영국의 이런 면직물 박리다매 전략은 씨알도 안 먹혔답니다. 영국이 아무리 싸게 팔려고 해도 중국산 면직물이 훨씬 더 쌌기 때문이죠. 영국이 산업혁명으로 만들어낸 최신 방직기를 써서 저렴한 면직물을 만든다고 해도, 수억 명의 중국 인구가 재래식 베틀을 돌려가며 '인해전술' 가내수공업으로 찍어내는 엄청난 '덤핑' 물량은 도저히 적수가 되지 않았답니다. 그런 와중에 영국인들은 중국산 홍차에 더욱 더 빠져들었고요.

청의 건륭제 황제를 알현하며 교역 확대를 요청하는 조지 매카트니

결과는 뻔했습니다. 영국이 인도에서 뼈 빠지게(!) 번 돈은 다 중국으로 갔습니다. 당시 중국의 화폐는 은(silver)이었거든요. 엄청난 양의 은이 중국으로 빨려 들어가서 수습 불가 상태가 되자 영국은 특단의 조치가 필요했어요.

영국은 무역 불균형 문제를 해결하기 위해서 1783년, 특사 조지 매카트니(George Macartney)를 중국에 파견하지만(참고로 비틀즈의 폴 매카트니와 관계없음) 별 소득은 없었습니다. 매카트니는 당시 청나라 황제(건륭제)에게 '무역 불균형 해소에 힘 좀 써주시고 영국 물건도 많이 사주십시오'라고 읍소해요. 그리고 황제에게 영국산 첨단 공산품을 보여줍니다. 그러자 황제는 이렇게 대꾸합니다. '어디서 이런 조잡한 장난감을 가져왔나? 우리 중국은 하늘 아래 모든 것을 다 가지고 있다. 그냥 돌아가라'라고요. 이를 '지대물박(地大物博)'이라고 표현하기도 합니다. 땅은 넓고 물자는 풍부하다는 거죠. 영국으로서는 제안도 먹히지 않고 청나라와 더 이상 말이 통하지 않게 되자 고민이 더 깊어졌습니다.

하지만 영국은 무역 적자 문제를 해결하기 위해 머리를 맞댔고, 그러다 식민지였던 인도에서 아편을 키워 중국에 몰래 밀매하기 시작했습니다. 아편은 그 무시무시한 독성만으로도 악명 높지만 특히 '내성' 때문에 사람의 몸과 마음을 완전히 망가뜨립니다. 예를 들어 만약 오늘 아편 10g을 피웠다면 내일은 20g을 피워야 똑같은 효과를 볼 수 있습니다. 즉 동일한 효과를 내기 위해서는 피워야 하는 양을 점점 늘려야 한다는 말이죠. 그러는 사이 아편을 피우는 사람은 회복 불가능한 수준으로 망가집니다.

그런데 중국에서 이 아편이 유행하게 되고, 일반 백성뿐만 아니라 나라를 이끌어 가는 하급 관리부터 고위 관리까지 전부 아편에 중독됩니다. 하급 공무원의 경우 거의 90%가 아편 중독에 빠지고, 심지어 황제 도광제조차도 잠시 아편을 했을 정도로 청나라 전체가 마약에 다 중독되었던 거죠. 이에 영국은 쾌재를 불렀습니다. 홍차 때문에 엄청난 무역 적자를 겪었지만 아편 하나로 한방에 해결할 수 있게 되었으니까요. 중국으로 흘러 들어갔던 은이 다시 영국으로 돌아오기 시작한 겁니다. 건강하고 떳떳한 방법은 아니었지만요.

조선 홍삼과 짜장면이
아편과 관계가 있다고?

온 나라가 '아편 지옥'으로 치닫는 상황에서 일부 중국인들은 아편을 끊으려고 하기는커녕 더 힘내서 아편을 피우려고 들었습니다. 앞서 말한 것과 같이 아편의 내성 때문에 더 많은 양을 피우려면 그만큼의 힘이 필요했나 봅니다. 그런데 그런 힘과 기운을 얻는 데 인삼이 아주 효과가 좋다는 소문이 납니다. 그중에서도 조선의 홍삼이 좋다는 말이 들려왔고요. 덕분에 조선 홍삼 수요가 폭발적으로 늘었어요. 예전에 방영한 드라마 중 〈거상 임상옥〉이라는 작품이 있습니다. 주인공인 임상옥은 조선 후기의 상인이고요. 그는 아편에 빠진 청나라에 조선 홍삼을 팔아 큰 부자가 된 인물이기도 합니다. 당시 조선과 중국의 교역을 이렇게 국제적인 관계에서 바라보면 그 원인과 배경을 파악할 수 있습니다. 당시 중국에서 아편이 유행했던 역사적인 배경이 있었기에 조선 홍삼의 인기가 치솟아 조선 상인 임상옥이 돈을 벌 수 있었던 거죠.

다만 조선 홍삼은 값이 비싸 중국의 서민들은 구경도 하기 힘들었어요. 그래서 대신 찾아낸 것이 바로 해삼(海蔘)입니다. 같은 삼(蔘)이 들어가는 음식이니까 효능도 같은 거라고 여긴 것이죠. 가격도 합리적이었고요. 그래서 아편에 중독된 서민들 사이에서 해삼의 인기가 높아졌는데 물량이 원활이 공급되는 데 문제가 생겼습니다. 바다에서 구한 해삼을 내륙으로 가져오기 힘들었던 겁니다. 우리가 보통 횟집에서 해삼 먹을 때도 싱싱하지 않은 건 티가 납니다. 제대로 관리되지 않은 채 조금만 시간이 지나면 흐물흐물해지면서 변질되죠. 바닷가에서부터 베이징 같은 내륙으로 가져오는 건 더더욱 힘들고요.

이러한 유통 문제가 있었음에도 그들은 해결 방법을 찾았습니다. 당시 최고의 해삼은 중국 산둥성 옌타이(연태)에서 잡아야 했습니다. 고량주가 유명한 그 옌타이죠. 옌타이 지역의 요리사들이 해삼을 알칼리성 소다를 푼 물에 담가두었다가 말리면 쉽게 부패되지 않는 걸 발견해요. 원래 형태로 돌아오고 바다 내음 그득한 싱싱한 해삼을 먹을 수 있다는 걸 알게 되었고요. 이후 옌타이산 건해삼은 중국 전역에서 큰 인기를 얻습니다. 지금도 중국 옌타이에 가면 건해삼 파는 가게가 정말 많아요. 또한 옌타이의 요리사들은 해삼을 담갔던 알칼리성 소다 물로 밀가루를 반죽하면 탄력이 정말 좋아진다는 것도 알게 되죠. 여기서 우리가 알고 있는 '수타면'이 나왔답니다. 황당한 말일 수도 있지만, 이 때문에 한국의 짜장면과 일본의 라멘도 중국인들의 아편 중독과 연관이 있다는 설이 나오기도 했어요.

아편 중독이었던 중국 황제, 아편 단속에 나서다

당시 중국 청나라의 황제는 도광제였습니다. 앞서 아편에 관한 에피소드에 나왔듯이 젊었을 때 아편에 중독된 적이 있던 인물이죠. 하

지만 여러 재활 과정을 거쳐서 아편
을 끊는 데 성공합니다. 다행히도 아
편 중독에서 빠져나와 나라 정세를
살피는데, 수습 불가능한 상황으로
보였습니다. 나라가 제대로 굴러가지
않고 있었죠. 일단 일반 백성들이 아
편에 중독되어 일을 안 하니 세금이
나올 곳이 없었고요. 세금을 걷어야
할 관리들도 아편 중독자라서 나라
일은 다 팽개친 상태였죠. 그나마 중
국 국고에 있던 은은 영국으로 끝도

아편 중독에서 벗어난 후
단속에 나선 청나라 황제 도광제

없이 다시 흘러나가고 있었고요. 나라가 완전히 거덜 난 상황입니다.

도광제는 조정 대신들에게 이 사태를 해결할 방법을 찾아보라고 지시
합니다. 여러 의견이 나왔는데 1836년 회의에서는 '아편 합법화' 안건까
지 나왔습니다. 아편을 합법화해서 정식으로 아편에 세금을 부과해 세금
을 거두자, 라는 일종의 아름다운 헛소리였죠.

결국 청나라 황제 도광제는 아편으로부터 나라를 구할 수 있는 방법은
강력한 단속밖에 없다는 걸 깨닫습니다. 그리고 임칙서(林則徐)라는 인물
을 '흠차대신(欽差大臣)'으로 임명해요. 흠차대신은 중국 황제의 명을 직
접 집행하는 관리를 일컫습니다. 엄청난 권력을 위임받은 사람이지요.
1839년, 임칙서는 중국 맨 남쪽의 광저우(광주)로 갑니다. 광저우는 왼쪽
에 마카오가 있고, 오른쪽에는 홍콩이 있는 주강(珠江)을 쭉 올라가면 도

광저우에 파견된 임칙서

영국의 중국 무역을 총괄하던 찰스 엘리엇 경

착하는 항구도시입니다. 당시 청나라는 이 광저우를 통해서만 국외와 무역을 할 수 있었답니다. 아편도 이 항구를 통해서 들어왔고요. 임칙서는 광저우로 내려와 본격적인 아편 단속에 들어갑니다. 임칙서는 싸움에서 이기려면 적을 알아야 한다고 생각하고 영문으로 된 영국의 신문, 법전, 과학서 등을 한자로 번역해서 공부하는 열성까지 보였어요.

그리고 1839년 5월, 광저우에 머물고 있던 서양 무역상들로부터 '불법' 아편을 몰수해서 광저우 앞바다에 던져 석회에 섞은 후 불을 질렀습니다. 그때 바다에 버려진 아편이 무려 1,400톤이나 되었죠. 야사에 따르면, 그때 '아까운 아편!' 하면서 바다 속으로 뛰어는 아편 중독자들도 많았다고 합니다.

뒤이어 임칙서는 광저우 주재 서양 무역 대표들을 불러서 '앞으로 다신 아편 밀매를 하지 않겠다'라는 내용이 쓰인 문서에 서명하라고 합니다. 서양 국가 대표들은 군소리하지 않고 서명해요. 자기들은 아편 밀매에 관여하지 않았기 때문이지요. 영국 무역 대표도 사인하려고 하는데 갑자기(!) 당시 광저우 지역 영국 무역을 총괄하던 찰스 엘리엇(Sir Charles

Elliot) 감독관이 영국 대표의 서명을 막습니다. '당신은 대영제국 국민으로 자존심도 없냐'라는 것이 이유였죠. 결국 찰스 엘리엇을 비롯한 영국 무역 상인들은 임칙서에 의해 광저우에서 쫓겨나고 맙니다.

갈매기 똥만 가득했던 외딴섬, 홍콩

광저우에서 쫓겨난 찰스 엘리엇과 영국 상인들은 마카오를 거쳐 홍콩으로 피신했어요. 당시 홍콩은 사람이 거의 살지 않던, 갈매기만 득실거렸던 무인도에 가까운 섬이었어요. 이러한 홍콩으로 쫓겨난 영국인들은 영국 본국에 SOS를 보냅니다. 사건 좀 해결해달라고요. 결국 영국 정부는 1839년 10월, 상황 어찌 돌아가고 있는지 탐사도 할 겸 군함 두 척을 홍콩 앞바다에 보냈어요.

임칙서를 비롯한 중국 관리들은 이를 대수롭지 않게 여겼습니다. 겨우 군함 두 척이라니, 신경 쓰지 않아도 된다고 이런 영국과 중국의 대치 상황 때문에 장사할 수 없었던 일부 영국 상인들이 '더 기다릴 수 없다! 우린 그냥 중국이랑 무역하겠다'라고 한 뒤 중국 광저우 쪽으로 접근해요. 그걸 영국 군함이 또 막은 겁니다. '너희 정말 대영제국 국민 자존심도 없냐?'라면서요. 이 꼴을 보고 임칙서는 격분해요. '저것들이 뭔데 우리 청나라 무역에 딴죽을 걸지? 가서 본때를 보여줘라!' 하며 청나라 수군을 출동시킵니다.

드디어 1839년 11월 3일, 홍콩 앞바다에서 영국 군함과 청나라 수군 사이에 해전이 벌어져요. 청나라는 자신이 있었어요. 출동시킨 함선만(낡아 빠진 목선이었지만) 무려 29척이었으니까요. 그렇게 청나라 수군 함선 29대와 영군 군함 2대가 맞붙은 결과는 어땠을까요? 놀랍게도 청나라 함선 26척이 격침됩니다. 결정적으로 함포 사거리가 문제였어요. 청나라 해군이 아무리 함포를 쏴봤자 대포알이 영국 군함 근처에도 못 가고 바다에 떨어졌거든요. 깜짝 놀란 임칙서는 홍콩에서 광저우로 들어오는 주강 강가 양옆에 수많은 포대들을 설치합니다. 함포로 안 된다면 강변 위 포대에서 주강으로 들어오는 영국 군함을 쏴서 굴복시키겠다는 작전이었습니다.

수도 베이징을 노린 영국군

기선제압에 성공한 영국은 이 기회에 청나라 기를 완전히 꺾을 생각으로 1840년 6월 15일, 추가 함대를 광저우에 파견합니다. 하지만 주강 강변에 포대를 꾸준히 만들어온 청나라의 '강변 철통 방어' 때문에 영국 함대는 주강을 거슬러 목적지인 광저우까지 올라가는 데 실패해요. 영국이 생각했던 것보다 청나라는 '매운맛'이었던 겁니다. 당시 영국 추가 지원군 사령관은 조지 엘리엇(George Elliot)이었답니다. 외교관인 찰스 엘리엇과 성이 같지요? 네, 그 둘은 사촌지간이었습니다. 하여간 엘리

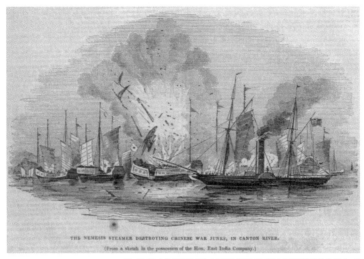
광저우 앞바다에서 청나라 수군 함선들을 격파한 영국의 철갑선 네메시스호

엇 사령관은 '광저우를 점령할 수 없다면 차선책을 써야지. 안방을 털어야겠다' 하고 뱃머리를 북쪽으로 돌렸습니다. 베이징 코앞의 톈진항 앞바다까지 올라간 겁니다. 우리나라로 치면 서울 옆에 있는 인천 앞바다까지 갔다고 할 수 있어요. 그 소식을 들은 청나라 조정은 발칵 뒤집혔어요. '뭐라고? 영국 군함이 베이징 바로 앞바다까지 왔다니?'

당황한 청나라 조정 대신들은 '이게 다 임칙서가 일을 잘못해서 벌어진 일이다'라며 모든 걸 뒤집어씌웁니다. 그리고 임칙서는 억울하게 해고당해요. 청나라는 영국과 협상에 들어가는데 일이 잘 풀리지 않고요. 영국 측이 계속 홍콩을 우리에게 넘기라고 요구했기 때문입니다. 청나라로서는 입장에선 '뭐라? 우리 청나라 땅을 뚝 떼서 넘겨달라고?'라는 말도 안되는 요구였기 때문에 협상은 번번이 깨졌습니다. 반만년 중국 역사상 영토 확장도 해봤고 고려, 조선과 같은 나라를 점령해본 적이 있죠. 비록 북방 유목민족에게 억지로 점령당한 적은 있어도 '스스로' 자기 땅을 외국에 넘겨준 일은 단 한 번도 없었기 때문입니다. 그런데 이때, 영국 본국에서 비밀 병기 하나가 소리소문 없이 홍콩 앞바다에 들어옵니다. 바로 '무적 철갑' 네메시스(Nemesis)호가 도착한 겁니다.

1841년 1월 광저우 앞바다에 도착한 영국의 네메시스호는 거북선과 같은 철갑선이었어요. 주강 포대에서 청나라 군이 아무리 네메시스호에 대포를 쏴도 포탄이 철갑에 다 튕겨 나갔답니다. 청나라로서는 충격과 공포 그 자체였지요. 네메시스호는 장거리 대포까지 장착돼 주강을 거슬러 가면서 주강 양쪽에 설치된 청나라의 포대를 다 풍비박산내고 기어이 광저우 앞까지 올라가는 데 성공합니다.

바람 앞의 촛불 같은 광저우의 운명! 청나라 도광제도 더 이상 참을 수가 없었지요. 1841년 1월 27일, 도광제는 영국을 상대로 선전포고를 합니다. 그러나 영국은 그런 선전포고 따위는 신경도 안 쓰고 계속 병력을 광저우 앞에 집결한 후 5월 21일, 광저우에 총공격을 개시합니다. 광저우는 불바다가 되고 잿더미가 되어버리죠. 경악한 청나라 조정은 즉각 영국과 협상을 요구했고 영국의 요구대로 홍콩을 넘기기로 합의해요. 1841년 5월 30일에 이뤄진 '광둥협정'이랍니다.

물론 홍콩은 다음 해인 1842년 난징조약에 의해 공식적으로 영국에 넘어갔어요. 하지만 실질적으로 이 광둥협정 체결 순간부터 홍콩은 영국의 식민지가 되었습니다.

드디어 본격적인
아편전쟁

 광둥협정으로 홍콩을 손에 넣은 영국은 여전히 뭔가가 성에 차지 않았어요. 거우 홍콩 하나라니, 조금 더 뜯어내야겠다는 생각으로 '청나라 굴복시키기 작전'에 새로운 강경파 사령관을 보냅니다. 바로 헨리 포팅거(Henry Pottinger)라는 인물입니다. 나중에 홍콩의 초대 총독이 되는 인물이지요. 1841년 8월 10일, 새로운 사령관으로 부임하자마자 '광둥협정' 무효를 선언합니다. 이걸로는 충분치 않으니 청나라는 영국에 뭔가 더 내놔야 한다는 주장이었습니다. 그리고 광저우는 거들떠보지도 않고 함선을 북쪽으로 이동시키죠. 또 베이징을 노리는 건 아니었어요. 헨리 포팅거는 정말 영리한 사람이었습니다. 당시 중국은 대륙 내 무역을 대부분 내륙 운하에 의지하고 있었어요. 거미줄처럼 엮인 운하들을 통해 물건을 옮기던 구조였지요. 그 운하의 중심부엔 장강(長江)이 있습니다. 우리가 '양쯔강'이라고 잘못 부르는 그 강 말이지요! 양쯔강은 사실 하류에 있는 하천의 이름입니다.

 헨리 포팅거는 이런 생각을 합니다. '중국의 대동맥, 중국의 핵심 줄기라 할

아편전쟁 후 난징조약 체결을 이끈 헨리 포팅거

1차 아편전쟁 당시 영국군에게 격파 당하는 청 수군의 모습을 그렸다

수 있는 이 장강만 영국이 장악하면 중국 내수 거래는 단번에 막힐 테고 중국은 바로 협상에 나올 거다'라고 여긴 거죠. 그리고 더 중요한 건 장강 유역에 중국의 경제 수도인 난징(남경)이 위치한 겁니다. 난징을 함락하면 중국이 바로 꼬리를 내릴 것이라 예상했고요. 그래서 바로 실행에 옮깁니다. 1841년 8월, 영국군 1만 명은 군함으로 장강을 거슬러 올라가며 길목에 있는 상하이 등 도시들을 다 쳐부수며 중국의 경제 수도인 난징 바로 앞까지 몰려갑니다.

난징이 함락될 위기에 처하자 포팅거의 예상대로 중국은 바로 백기를 듭니다. 그리고 1842년 8월 29일, 두 나라는 난징에서 조약(명칭만 조약일 뿐 영국의 협박 문서)에 서명하는데 이것이 바로 '난징조약'입니다. 보통 수업 시간에는 아편전쟁의 결과로 난징조약을 체결했다는 사실만 배우기 때문에 왜 하필이면 광저우, 베이징, 상하이도 아닌 난징인지를 알지 못하는 경우도 있죠. 당시 영국군의 이러한 전체적인 전략을 파악해야 왜 이런 결과로 이어졌는지 알 수 있습니다. 난징조약 체결로 인해 중국은 홍콩 이외에도 상하이를 포함한 5개 항을 강제로 개항하는 굴욕을 겪습니다.

예수님의 동생이라고?
태평천국의 난

아편전쟁은 그렇게 끝났습니다. 인류 역사상 가장 부도덕한 전쟁이었지요. 마약인 아편을 팔기 위해 한 나라의 정부가 나선 전쟁이었기 때문입니다. 아편전쟁 이후 홍콩은 1997년, 중국에 반환될 때까지 영국의 완전한 식민지가 됩니다. 그리고 아편전쟁 이후 영국의 영웅이 된 헨리 포팅거는 홍콩 제1대 총독으로 취임해요. 홍콩에 '포팅거 거리'라고 부르는 길이 있는데 이 사람의 이름을 따서 만든 도로죠. 포팅거 거리에 웬만한 홍콩 맛집이 다 모여 있기도 합니다.

하여간 아편전쟁에서 청나라가 패하면서 자존심이 구겨진 건 물론이고 청나라는 정말 거지꼴이 됩니다. 특히 영국과 격전이 벌어졌던 광둥성의 상황은 최악이었어요. 폐허가 된 마을, 수많은 난민들, 여전히 아편 중독 상태인 관리들까지 있어서 상황이 나아질 기미가 보이지 않았어요. 이런 광둥성의 흉흉한 분위기 속에서 한 인물이 태어납니다. 추후 청나

태평천국의 난을 일으킨 홍슈취안

라를 뒤집어엎고 농민 대봉기를 주도할 홍슈취안(洪秀全, 홍수전)입니다.

홍슈취안은 1814년 중국이 아편에 찌들어가던 시절의 광둥성에서 태어났어요. 그는 '이 세상에서 출세할 길은 오로지 과거에 급제하는 길 뿐이야'라는 생각에 과거에 응시했지만 계속 떨어지기만 했어요. 1837년이 되어 또다시 과거를 보러 광저우 시내를 어슬렁거리고 있었는데, 웬 서양인 한 명이 다가와 책 한 권을 건넵니다. 그 책은 성경을 한자로 편집해서 만든 《권세양언(勸世良言)》이었습니다. 서양인은 에드윈 스티븐스(Edwin Stevens)라는 이름의 선교사였고요. 기독교의 '기' 자도 몰랐던 홍슈취안은 대충 그 책을 훑어본 다음 흥미를 느끼지 못하고 그냥 구석에 처박습니다. 그리고 또 과거 시험에서 떨어지죠.

홍슈취안에 관한 이러한 이야기도 있습니다. 낙방한 후 고향 집에 돌아온 홍슈취안은 어느 날 희한한 꿈을 꿔요. 꿈속에서 웬 흰 수염의 남자가 나오더니 '내가 네 아버지, 하느님이다'라고 하는 겁니다. 그리고 그에게 '아들아, 지상에 내려가 요괴들을 다 물리쳐라!'라는 지령을 내립니다. 그리고 그 자칭 '하느님'이란 노인이 또 한 명의 서양인을 소개하면서 네 형이라는 말도 해요. 그 형은 예수님이었습니다.

홍슈취안은 꿈에서 깨어나 꿈속의 노인, 즉 하느님과 자기 형 즉, 예수님과 했던 약속을 지키기로 합니다. 지상의 요괴들을 다 없애는 일이죠. 그리고 방에 버려두었던 《권세양언》즉 성경을 탐독하기 시작합니다. 내

아버지 하느님께서 말씀하신 요괴란 건 중국을 수천 년 동안 병들게 했던 불교, 유교, 도교와 같은 종교들이라는 생각이 들기 시작했고요. 홍슈취안은 아편전쟁으로 폐허가 된 광둥성 지역에서 발 벗고 적극적으로 포교에 나섰어요. 그렇게 청나라 말기 최대 민중 봉기가 시작되었습니다.

만주족의 청나라는 하느님이 말씀하신 요괴다!

　'상제님(하느님)을 믿으면 태평천국이 옵니다! 누구나 평등한 세상이 옵니다!' 구호를 외치며 마을을 도는 포교 활동은 의외로 효과가 좋았어요. 이미 삶의 희망을 다 잃은 전쟁 난민 입장에서는 '태평천국이 온다고? 누구나 평등한 세상이 온다고? 그래, 밑져야 본전인데 한번 따라가야지' 결심하고 하나둘씩 홍슈취안 밑으로 들어온 겁니다. 세를 어느 정도 불린 홍슈취안은 본격적으로 '조직' 만들기에 돌입해요. '배상제회(拜上帝會)'라는 정식 명칭도 짓습니다. 상제(하느님)를 참배하는 모임이라는 뜻이었죠. 배상제회를 만든 홍슈취안과 그의 무리는 공자상을 부수고 사찰을 파괴하는 등 슬슬 과격한 행동을 시작했답니다.

　이제 조직의 인원은 1만 명 이상으로 불어났습니다. 1851년 1월 11일, 홍슈취안은 만주족이 세운 청나라를 '또 다른 요괴'로 명명하며 '청나라 요괴 타도'를 외치고 농민 반란을 일으킵니다. 바로 '태평천국의 난'입니다. 세를 엄청나게 불린 태평천국군은 1853년 3월, 중국의 경제 수도인 난징을 점령하고 난징을 그들의 새로운 수도로 삼고 새로운 나라를 세웁니다. 태평천국이었죠. 그런데 난징을 수도로 새 나라를 건설한 홍슈취안은 뜻밖에도 민심을 서서히 잃어갔습니다. 너무나 엄격한 금욕주의(성욕은 나쁜 것이다 등), 개인 재산 불인정, 철저한 단체 생활을 힘들어한 사람들이 많았거든요. 수백 년 된 불교 사찰과 유교 사원의 무차별 파괴 등 상식적으로도 이해 안 가는 행동도 많았고요. 무엇보다도 집단 지도체제에 문제가 있었습니다. 권력은 아버지와 아들도 나누지 않는다는데, 사실상 집단 지도체제는 불가능했습니다. 결국 사분오열로 서로 싸우고 분열되고 맙니다.

이후 서구 열강들도 태평천국에게서 등을 돌립니다. 처음에는 그들을 이용하려고도 했었어요. 서양처럼 하느님을 믿는다고 주장하기 때문이었죠. 하지만 예수의 동생이라는 소리를 듣고 사이비라는 판단이 들어 거리를 두었다고도 합니다. 물론 표면적인 이유였을 테고 실질적으로는 서구 열강들은 급진 신흥세력인 태평천국과 손을 잡는 것보다 부패하고 타락한 청나라 조정과 손을 잡는 게 더 유리하다고 판단했겠죠.

그래서 서구 열강들이 태평천국과 손절한 뒤 1864년 7월 19일, 수도인 난징이 청나라 정부군에 함락되고 근 20년 동안 중국을 뒤흔들었던 태평천국은 역사 속으로 사라집니다. 태평천국의 난은 중국 근대사에서 큰 의미를 지닙니다. 청나라가 외세의 침략 없이 내부에서부터 스스로 무너지기 시작했으니까요.

뭐?
또 아편전쟁?

1차 아편전쟁 이후, 중국은 5개의 항구를 개항했었습니다. 그런데 문제는 '항구'만 개방해줬던 겁니다. 즉 영국 상인들이 중국 내륙으로 들어가 장사하는 건 여전히 금지된 상태였죠. 그 와중에 중국인들이 '자체 아편 생산 기술'을 개발해서 직접 아편을 만들어 피우는 위대한 독립심과 자립심까지 보이기 시작한 겁니다. 영국 입장에선 또 무역적자의 악몽에 시달리기 시작했답니다. 이럴 때 영국이 생각한 해결 방법은? 네, 맞습니다. 전쟁이었습니다. 그런데 또 중국과 아편을 놓고 전쟁을 하려고 해도 뭐 마땅한 명분이 없는 겁니다. 그러던 중 그 찾던 명분이 영국 눈앞에 펼쳐집니다.

1856년 10월. 중국 광저우 앞바다에 애로(Arrow)호라는 배가 등장합니다. 배 주인은 영국 사람이었지만 승무원들은 다 중국인이었어요. 마침 그때 해적을 단속하고 있던 청나라 단속반이 애로호의 중국인 승무원들을 조사하려고 했습니다. 그때 선장은 이 배는 영국 배니까 중국인 단속반은 빨리 내리라고 하면서 시비가 붙었고요. 그 과정에서 화가 난 청나라 단속반이 배에 걸려 있던 영국 국기를 뽑아서 발로 밟고 바다에 던진 겁니다. 영국은 이것을 구실 삼아 다시 청나라와 전쟁을 시작합니다. 제2차 아편전쟁이었습니다. 이런 명분으로도 전쟁이 시작될 수 있다는 점이 황당하지요. 하지만 당시 영국에서는 1차 아편전쟁 때 영국이 중국

2차 아편전쟁 당시 영국군과 프랑스군이 청나라를 약탈하는 모습

에게 너무 양보를 많이 해줬고, 더 챙길 수 있었는데 그러지 못했다는 불만이 터져나오고 있었어요. 그래서인지 작은 사건을 구실로 전쟁을 다시 일으켰고요. 1857년에는 영국 의회가 전쟁을 정식으로 승인해줬어요.

2차 아편전쟁이 1차와 다른 점이 있었다면, 이번 전쟁에는 프랑스가 영국 편으로 참전했다는 점입니다. 애로호 사건이 있기 8개월 즈음 전에 프랑스 선교사가 중국 내륙에서 몰래 선교 활동을 하다 처형당한 일이 있었어요. 당시 중국 내륙지역 기독교 포교는 엄격하게 금지되던 때였거든요. 프랑스는 억울하게 죽은 그 신부님의 복수라면서 이 전쟁에 뛰어든 겁니다. 이건 표면상의 이유였고, 진짜 이유는 영국처럼 프랑스도 이제 종이호랑이가 되어버린 청나라에서 콩고물 좀 얻어먹어 볼까, 하고 전쟁에 뛰어든 거죠.

1857년 12월 28일, 영·프 연합군은 또다시 광저우에 공격을 가해서 무려 '하루' 만에 점령합니다. 사실 당시 청나라는 태평천국군을 진압하느라 정신이 없었어요. 그러니 전쟁이 뭐 제대로 되겠어요? 이번에는 영국 하나가 아니라 프랑스까지 끼어들었는데요.

불타는 수도 베이징

영국과 프랑스 연합군은 1차 아편전쟁 때와 똑같이 바다를 거슬러 북쪽으로 올라갑니다. 목표는 수도 베이징이었죠. 1858년 5월 20일, 연합군은 베이징 바로 앞바다까지 가서 기어코 톈진 근처에 있는 중국 해안포 기지를 함포 사격으로 격파해요. 쉽게 설명해보자면, 우리나라로 치면 적국이 서울을 점령하려고 위협하면서 인천 월미도에 대포를 쏘기 시작한 것과 같은 거죠. 수도 베이징이 적군에 점령될 수 있다는 공포감에 휩싸인 청나라 조정은 잽싸게 톈진에서 연합국과 조약을 체결합니다. 그것이 1858년 6월의 '톈진 조약'이랍니다. 청나라는 피눈물을 흘리면서 10개 항구 추가 개항, 기독교 선교사 내륙 선교 활동, 베이징에 각국 대사관 설치 등을 허락합니다.

청나라 조정은 조약에 서명했지만 조약 내용이 영 마음에 들지 않았어요. 아무리 봐도 불평등조약이었던 거죠. 원래 조약 내용에 따르면 베이징에 영국·프랑스 등이 대사관을 개설한다고 나와 있거든요. 대사관을 개설하려면 영국·프랑스 인력이 베이징에 들어가야 하잖아요. 그걸 청나라 조정이 차일피일 미룹니다. 이에 열 받은 영국, 프랑스는 '청나라가

현재는 폐허로 남아 베이징의 관광지가 된 황실정원 원명원

아직 정신 못 차렸군!' 하며 병력을 베이징으로 보내서 함락시킵니다.

청나라 황제였던 함풍제는 기겁하며 목숨이라도 구하려고 합니다. 황궁을 버리고 열하라는 지방 도시로 도망가죠. 우리가 연암 박지원 선생의 《열하일기》로 알고 있는 그 지역입니다. 연합군은 황제가 사라진 수도 베이징에서 마음껏 노략질합니다. 중국 베이징에 가면 '원명원(圓明園)'이란 곳이 있습니다. 한때는 동양의 베르사유라고 불릴 정도의 화려함을 자랑했던 황실 정원이에요. 하지만 돌무더기만 가득한 폐허가 되고 말지요. 영·프 연합군이 원명원을 완전히 망가뜨린 겁니다. 중국 정부는 그때의 아픔을 잊지 말자는 취지로 원명원을 복원하지 않고 폐허 그대로 두었습니다.

이후 청나라 황제는 베이징으로 반 강제로 끌려왔고 또다시 영국, 프랑스와 더욱 굴욕적인 조약을 체결했어요. 톈진 조약을 없애려다가 혹을 붙인 거죠. 이것이 바로 1860년 '베이징 조약'이랍니다. 조약 내용을 보면 일단 배상금을 더 갚아야 하는 건 기본이고, 영국은 홍콩 위에 있는 구룡(九龍)반도를 가져가게 됐어요. 홍콩은 이때 홍콩섬과 구룡반도를 합친 지금의 모습을 거의 완성합니다.

프랑스는 어떤 조건이었을까요? 청나라는 프랑스로부터 빼앗은 중국 내 가톨릭 재산들을 다 토해내야 했답니다. 그리고 중요한 것이 하나 더 있습니다. 당시 청나라 정부와 영·프 연합국의 분쟁을 러시아가 중간에서 중재를 했었거든요. 그러면 싸움을 말렸던 러시아도 뭐라도 자기 몫을 챙겨야 하잖아요. 결국 러시아는 극동 연해주를 차지하게 됩니다. 러시아 지도를 보면, 블라디보스토크가 있는 지역이 바로 연해주입니다. 우리가 대게 먹으러 여행 갔던 블라디보스토크가 베이징조약 체결 이후 러시아 땅이 된 거죠.

청나라이자 한때 대륙을 호령했던 중국이 외세에 철저히 무너지며 굴욕당하는 걸 주목한 나라가 있었습니다. 일본은 이 상황을 지켜보다가 충격에 빠집니다. 그들 생각에서는 세계 최강이었던 청나라가 저렇게 힘없이 쓰러지는 걸 보고 다음은 자신들이 타깃이 될 거라고 예상합니다. 그전에 얼른 힘을 키워야겠다며 적극적으로 근대화 작업에 들어갑니다. 그 과정에서 '메이지 유신'이 일어난 것이죠.

반면 같은 시기의 조선은 철종 시대였습니다. 아시다시피 권세가 중심의 세도정치로 나라가 콩가루였던 때죠. 조선에서는 당시 국제 정세를 어떻게 파악했는지를 알아보면 정말 한숨만 나옵니다. 기록에 따르면 조선 조정에서는 이런 말이 나왔습니다. "청국 황제께서 몽진(수도를 버리고 도망감)을 하셨다. 얼마나 가슴이 아프실꼬. 이럴 때일수록 더욱 사대의 예를 갖추는 것이 중요하다"라고 했답니다. 끝없이 무너지고 있는 청나라에 끝까지 사대의 예를 갖추겠다니, 조선은 이미 망할 수밖에 없는 운명이었나 봅니다.

위기의 청나라, '양무운동'으로 서구화를 시도하다

1, 2차 아편전쟁으로 나라가 거덜 나고 태평천국 운동으로 나라가 아수라장이 된 중국입니다. 이대로는 정말 안 되겠다 싶었는지 나름대로 개혁을 시도합니다. 바로 2차 아편전쟁 이후인 1861년에 시작된 '양무운동(洋務運動)'입니다. 여기서 '양무(洋務)'는 '서양에 관련된 업무'라는 뜻인데 간단히 말해 '서구 문물을 받아들이는 운동'이라고 보면 됩니다. 먼저 중국 역사상 최초로 '외교부'를 세웠답니다. 이 시도에는 큰 의미가 있습니다. 중국은 지금까지 수천 년 동안 천조국 노릇을 하면서 주변 제후국들이 조공을 갖다바치면 받아먹는 재미로 살아온 나라거든요. 다른 나라와 '동등한 외교 관계' 따위는 없었답니다. 그런데 이제 외국과 동등한 외교 관계를 담당하는 외교부를 둔 것이죠. 그리고 유럽과 미국에 중국 국비 유학생들을 많이 보냅니다. 주로 군사학과 무기 제조법을 배워오게 했고요. 아편전쟁 때 서구 열강과 군사력 차이를 뼈저리게 느꼈던 것이죠.

그래서 성공했을까요? 결론부터 말하자면 실패했습니다. 일본의 근대

양무운동 당시 난징에 문을 연 군수공장

화 과정과 메이지 유신을 비교해볼게요. 일본은 정말 죽기 아니면 살기로 국가의 기초부터 다 뜯어고치는 진정한 개혁을 했고 또 성공했어요. 국가를 한 번 해체했다가 다시 조립하는 과정을 거쳤죠. 그래서 급속도로 발전할 수 있었어요. 그런데 중국의 양무운동은 그냥 '수박 겉핥기'로 끝납니다. 바로 진정한 개혁의 핵심이라고 할 수 있는 '권력 구조'는 그대로 놔둔 겁니다. 즉 부패하고 무능한 황제와 황실, 그리고 관리들은 놔두고 대충 군사 조직 정도만 손본 겁니다. 게다가 양무운동 자체를 청나라 황실이 주도했는데 스스로 물러나기 쉽지 않죠. 어떻게 얻은 밥그릇인데 그걸 쉽게 포기하겠어요. 대충 '개혁하는 척'만 하고 서양에서 최신 대포나 사오라는 식으로 그냥 진행한 겁니다.

반면 메이지 유신은 당시 에도막부 정권 자체를 뒤집어엎었죠. 청나라는 이 정도의 공을 들이지 않은 겁니다. 이 양무운동이 실패로 돌아간 걸 보여준 대표적인 예가 바로 1894년 청일전쟁입니다. 비슷한 시기에 개혁을 한 신일본군과 나름 양무운동으로 개혁하고 신무기로 무장을 한 청나라군이 '우리나라' 땅에서 벌인 청일전쟁 말이지요. 그 결과는 청나라의 참패로 이어졌고요.

중화민국의 국부
쑨원의 등장

중국은 정말 이대로 끝인 걸까요? 그건 아닙니다. 위기의 중국을 구해줄 혁명가가 등장합니다. 아편전쟁으로 나라가 초토화되었고, 또 태평천국의 난이 중국을 혼란의 도가니로 만든 이후 1866년, 중국 남부 광둥성에서 쑨원(孫文)이란 인물이 태어납니다. 지금도 대만과 중국 본토에서 '국부(國父)'로 칭송을 받는 바로 그 쑨원입니다. 대만의 수도 타이베이의 국부기념관(國父紀念館)에선 아직도 대만의 아버지로 쑨원을 기리고 있지요. 중국 본토에 있는 거의 모든 주요 도시의 중심거리 이름이 '중산로(中山路)' 랍니다. 쑨원의 호인 '중산(中山)'을 따서 이름을 지은 것이죠. 서로 원수같이 여기는 중국과 대만 양쪽에서 동시에 존경하는 인물은 쑨원이 유일합니다.

중국 난징에 가면 쑨원의 무덤인 '중산릉'이 있어요. 한국도 마찬가지지만 무덤에 '릉(陵)'을 붙이는 건 중국에서 황제와 왕에게만 가능했답니다. 쑨원의 무덤에도 '릉'을 붙였다는 건 중국인들에게 쑨원은 이미 왕과 같은 존재라는 뜻이죠.

중화인민공화국과 대만 양쪽에서
국부로 추앙받는 쑨원

　가난한 소작농의 아들로 태어난 쑨원은 어린 시절 집안 형편이 그리 좋지 못했어요. 그러다 1871년 친형이 소작농으로 일하고 있던 미국 하와이로 건너가서 인생이 피기 시작했어요. 하와이에서 서구식 교육도 받고 기독교도 접하게 되죠. 그러면서 슬슬 세상의 이치, 삶에서의 약육강식, 또 현재 중국의 객관적인 상황 등에 눈을 뜨게 됩니다. 다시 중국으로 건너온 쑨원은 홍콩으로 가서 서양식 의대에 진학합니다. 그리고 1892년에 의사 면허를 따지요. 그런데 쑨원이 홍콩에 머물면서 가만히 중국 상황을 바라보고 있자니, 가만있을 수가 없었습니다. 홍콩은 이미 영국 식민지가 되어 점점 별천지가 되어 가는 시기였어요. 그런 홍콩에서 접한 중국 본토는 정말 찢어지게 가난한 동포들, 썩어빠진 만주족의 청나라 황실, 이런 중국을 서로 뜯어먹기 바쁜 서구 열강까지, 지옥 그 자체였던 겁니다. 그리고 결정적으로 1894년 청일전쟁에서 일본이 청나라를 거의 뭉개버리자 쑨원은 결심하게 됩니다. '만주족의 청나라를 뒤집는 혁명을 일으키자'라고요. 수술용 메스 대신 권총을 잡은 겁니다.

　1894년, 청일전쟁에서 청나라가 패한 직후 쑨원은 '만주족을 몰아내고 한족만의 공화국을 세우자'란 취지에서 '흥중회(興中會)'라는 혁명 단체를 결성해요. '중국을 흥하게 하는 조직'이라는 뜻이죠. 1895년 쑨원은 자신의 고향인 광저우에서 청나라에 대항하는 첫 무장봉기를 일으키지만 내부자 비밀 누설 등으로 처절하게 실패하고 말아요. 그 뒤로 우선 일본으로 피신하고 미국, 영국 등을 떠돌며 객지 생활을 하기 시작하죠. 특히 영국 런던에 머물 때는 대영 도서관에 거의 매일 살다시피 하면서 여러 분야의 책을 탐독했어요. 쑨원은 도서관에서 책을 읽으며 쑨원의 중심 사상인 '삼민주의(三民主義, 삼민은 민족, 민권, 민생을 일컫는다)'를 서서히 만들어 나갑니다. 잠시 그 뜻을 설명하자면, 민족은 만주족을 몰아내고 한족의 나라를 세우자, 민권은 더 이상 황제나 왕 따위는 필요 없으니 민주주의를 만들자는 뜻이고, 민생은 먹고사는 문제가 중요하다는 뜻을 담고 있습니다. 쑨원은 전 세계의 차이나타운을 돌면서 현지 화교들에게 자신의 혁명 계획에 대한 연설을 하고 기부금을 모읍니다. 그리고 혁명 자금을 더 모으기 위해 채권을 발행해요. 즉 '나를 믿고 돈을 좀 빌려주시오. 혁명을 성공시킨 후에 꼭 몇 배 이상으로 갚겠소'라는 말이었죠. 쑨원의 진심을 믿어준 수많은 이들이 채권을 사줍니다. 이렇게 쑨원이 해외를 돌면서 중국 혁명을 준비하고 모금 활동을 하던 중에 본토에서 큰일이 벌어집니다.

신해혁명, 중화민국이 탄생하다

　나라가 거의 서구 열강의 식민지로 전락한 1911년의 중국 청나라였습니다. 청나라 조정은 갑자기 철도 국유화를 선언합니다. 철도 국유화를 통해 외세에 진 나랏빚을 어느 정도 청산하겠다는 목적이었죠. 가뜩이나 청나라 조정을 타도 대상으로 여기던 일반 민중들은 그걸 액면 그대로 받아들이지 않았어요. 철도 국유화 반대를 구실로 대규모 '반청(反淸) 운동'을 벌이기 시작했어요. 특히 쓰촨(사천) 지방에서는 시민이 10만 명 이상 모인 대규모 민중 봉기가 일어나요. 당황한 청나라 정부는 민중 봉기를 진압하기 위해 병참기지였던 후베이성 우창(무창)에 있던 병력을 쓰촨 지역으로 출동시킵니다. 우창의 병력이 갑자기 텅 비게 됩니다. 이곳은 코로나 때문에 알려진 우한의 한 지역이기도 합니다. 중국의 정중앙에 위치해서 병참기지 역할을 하던 곳이죠.

병력 공백이 생긴 우창의 혁명 조직은 지금이 기회라고 여깁니다. 그리고 1911년 10월 10일, 봉기를 일으키죠. 우창에 배치되어 있던 신군(新軍)은 민중 봉기를 진압하기는커녕 오히려 봉기에 가담합니다. 신식 교육을 받은 젊은 신군들도 깨어 있었던 겁니다. '우리가 비록 청나라 황실의 신군 소속이지만 민중이 봉기를 일으킨 이 마당에 이들을 총으로 쏘며 진압할 수는 없다. 민중의 편에 서자'라는 결심을 한 겁니다.

혁명군의 거센 진격 앞에 당시 우창을 담당하던 청나라의 관리는 도주합니다. 그렇게 우창이 혁명군의 손에 들어갑니다. 지금도 대만은 이 10월 10일을 '쌍십절(雙十節)'이라 부르면서 대만 건국 기념일로 기리고 있답니다. 십(十)이 두 개 있다는 말이죠. 1911년 10월 10일 봉기를 시작으로 300년 청왕조 타도를 목표로 한 '신해혁명'이 시작됩니다. 1911년이 신해년(辛亥年)이었기 때문이지요.

쑨원도 미국에서 모금 활동을 벌이다 우창에서 민중 봉기가 일어났다는 소식을 듣습니다. 그리고 드디어 1911년 12월 25일 크리스마스에 중국 민중의 대대적인 환호를 받으며 상하이를 통해 중국으로 귀국합니다. 그리고 각 지역의 혁명군 대표들을 모아 1912년 1월 1일 난징에서 중국 최초의 공화국인 중화민국 성립을 선포하고 '임시 대총통' 자리에 오릅니다. 현재 대만도 총통이 나라를 다스리죠? 총통은 우리의 대통령과 같은 자리랍니다. 영어로도 대통령, 총통 둘 다 'president'입니다. 중화민국 성립 선포가 바로 신해혁명이 완성되던 순간이었죠. 아시아 최초의 공화국이 탄생한 순간이기도 하고요. 당시 조선의 중국 화교들도 본국에서 공화국이 만들어졌다는 소식을 듣고 기쁜 나머지 한 중국집이 가게 이름을 '공화국의 봄'이라는 뜻의 '공화춘'으로 바꾸기도 했답니다. 그러나 아직은 미완의 혁명이었어요. 아직 베이징에는 청나라 황실이 아직 남아 있었기 때문입니다. 중국은 둘로 나뉘었어요. 북쪽의 청나라, 남쪽의 중화민국으로요.

위안스카이, 쑨원의 뒤통수를 치다

신해혁명은 '반쪽 혁명'이었답니다. 베이징의 청나라 조정이 여전히 시퍼렇게 살아있었으니까요. 쑨원은 '어찌하면 북쪽의 만주족 청나라를 완전히 몰아낼 수 있을까'하고 고민해요. 〈마지막 황제〉라는 영화가 있습니다. 픽션을 가미하긴 했지만, 이 시기의 청나라 상황을 담은 영화죠. 청나라의 마지막 황제는 '푸이', 즉 선통제라는 어린 꼬마였습니다. 황제의 나이가 어리다 보니 위안스카이(원세개)란 인물이 실질적으로 권력을 휘두르고 있었습니다. 쑨원에겐 상당히 불리한 일이었죠. 일단 위안스카이의 청나라군은 아무리 망하기 직전의 군대라고 해도 정식 훈련을 받은 정규군이었어요. 그런 반면 쑨원의 혁명군은 말이 혁명군이지 각 지방에서 얼떨결에 모인 오합지졸 그 자체였답니다. 만일 중화민국의 쑨원과 청나라의 위안스카이가 일대일로 싸우면 쑨원이 완전히 당하는 상황이었어요.

쑨원은 고민하다가 위안스카이에게 제안합니다. 만일 당신이 청나라의 마지막 숨통만 끊어준다면, 즉 마지막 청나라 황제를 퇴위시키고 공화국을 지지해준다면 중화민국의 초대 총통 자리를 당신에게 내어주겠다고요. 말했듯이 쑨원은 '임시 대총통'에 올랐지 정식 총통 자리에 오른 건 아니었어요. 위안스카이는 이게 웬 굴러온 떡이냐 싶어서 바로 쑨원의 제안을 받아들입니다. 그리고 위안스카이는 황제 푸이를 자리에서 끌어내립니다.

1912년 2월 13일, 청나라 마지막 황제 푸이는 오늘부로 퇴위하겠다는 선포를 합니다. 지난 3,000년 동안 왕이 대륙을 지배해온 군주제도가 무너지는 순간이었습니다. 이로써 청나라는 역사 속으로 사라집니다.

위안스카이는 쑨원과의 약속대로 중화민국의 정식 대총통 자리에 오릅니다. 그런데 안타깝게도 이 위안스카이란 인물은 중국 역사상 가장 악명 높은 배신자가 됩니다. 우리나라 역사에도 중요 인물로 등장해요. 임오군란(1882년) 당시 20대 청년이던 위안스카이는 청나라 진압군으로 조선 땅에 들어와 마치 자기가 조선 총독이 된 양 고종과 왕비 민씨를 무시하며 거만함을 피웠답니다. 하여간 중화민국 총통 자리에 오른 위안스카이는 슬슬 본색을 드러냈습니다. 권력을 혼자서 차지하기로 작심한 것이죠. 그리고 1913년이 되자 중화민국 내 친 쑨원 세력을 모두 숙청하고, 쑨원과 함께하는 정치세력의 정치활동을 불법화합니다. 심지어 쑨원 세력의 중심지인 난징도 공격합니다. 쑨원도 이런 상황에서 가만있을 수 없었기에 위안스카이의 군대와 일전을 벌이지만 패하고 맙니다. 결국 1913년 12월, 쑨원은 또다시 일본으로 망명합니다.

배신자 중의 배신자
위안스카이

그리고 위안스카이는 넘지 말아야 할 선을 또 넘습니다. 1915년, 공화제도를 없애고 자신을 황제라고 칭하면서 또 다른 황제의 나라 '중화제국'을 만든 것입니다. 그렇게 스스로 황제가 됩니다. 이미 중화민국이라는 새로운 공화국에 기대하던 시민들은 이에 반발하게 됩니다. 전국 각지에서 위안스카이에 반대하는 봉기가 일어났고 중국의 각 성들은 '위안스카이 황제가 다스리는 중국에서는 살 수 없다'라고 하며 일제히 독립을 선언했죠. 이렇게 위기에 처한 위안스카이였지만, 그는 물러서지 않았습니다.

당시 유럽에서는 한창 1차 대전이 진행되고 있었습니다. 1차 대전은

공화국을 배신하고 스스로
황제에 오른 위안스카이

1914년부터 1918년까지 진행됐고, 위안스카이가 황제에 오른 건 1915년이니까요. 그때 영국과 동맹이던 '연합국' 일본이 갑자기 산둥반도에 있던 칭다오 등 독일의 조차지를 무력으로 점령합니다. 1차 대전 당시 일본은 영국 편이었고 영국은 독일과 싸우고 있으니까, 일본에게도 독일은 적이었으니까요. 그리고 산둥반도는 적국인 독일의 식민지니까 '연합국' 일본이 차지하는 건 당연하다는 논리였어요. 위안스카이 정부는 항의했지만 일본은 '위안스카이 정부를 지지한다. 그리고 위안스카이 정부에 재정적 지원을 하겠다'라는 말로 위안스카이 정부를 유혹했어요. 돈 앞에 장사 없다고 위안스카이는 산둥반도의 이권을 일본에 넘기게 됩니다. 이 일은 나중에 중국 근대사를 뒤흔드는 핵폭탄급 사건의 계기가 됩니다.

전국적인 반(反)위안스카이 운동에 결국 위안스카이도 꼬리를 내립니다. 황제 제도는 없었던 일로 하게 된 거죠. 1916년 3월, 군주제를 취소한다고 발표한 후 자리에서 내려옵니다. 그리고 3개월 후에 화병으로 급사합니다. 한 나라의 황제 자리까지 올랐던 인물의 허망한 죽음이었죠. 위안스카이가 죽은 후 중국은 말 그대로 '헬게이트'가 열립니다. 무주공산의 권력자 자리를 놓고 10여 개의 파벌 간의 치열한 내전이 벌어지면서 실질적으로 무정부 상태에 빠집니다. 그리고 그 혼란은 무려 10년간 계속됩니다.

조선의 3·1운동과
중국의 5·4운동

1918년, 독일의 참패와 함께 1차 대전은 막을 내립니다. 중국도 전쟁이 끝나기 한 달 전, 연합국 편에 서서 참전을 선언했어요. 비록 진짜 총 들고 전투를 한 건 아니지만요. 형식적으로나마 중국도 승전국 리스트에 이름을 올렸답니다. 중국은 꿈에 부풀어 있었어요. 비록 일본이 억지로 차지하고 있지만, 공식적으로는 '독일 식민지'인 산둥반도 등이 중국으로 반환될 거라 기대한 겁니다. 독일은 전쟁에서 졌고 중국은 형식적으로나마 승전국이었기 때문이지요.

그런데 한창 1차 대전이 진행 중일 때, 위안스카이와 일본이 '독일령이던 산둥반도를 일본에게 넘겨준다'라고 몰래 약속한 사실이 다른 나라에도 퍼집니다. 다른 승전국인 영국, 프랑스 등 모두가 일본 편을 들어주기 시작하면서 산둥반도는 그냥 일본의 손아귀로 넘어갑니다. 말도 안 되는 상황이 펼쳐진 겁니다.

중국 민중들은 들고일어납니다. 1919년 5월 4일. 베이징의 천안문 광장에 몰려온 대학생들이 '치욕적인 비밀 협상으로 우리 중국 땅 산둥반도가 일본으로 넘어가게 된 것을 규탄한다!'라고 외치면서 대규모 반일 시위를 펼칩니다. 바로 중국의 '5·4운동'입니다. 베이징에서 시작된 이 반일 시위는 상하이, 난징 등 중국 전역으로 번지는데요. 같은 해인 1919년 3월 1일, 조선에서 일어난 3·1운동의 영향을 받았습니다. 저 조그만

5·4운동 당시 베이징의 천안문 광장으로 시민과 대학생들이 쏟아져 나왔다

나라인 조선도 일본에 맞서 용감히 싸우는데 우리 중국은 뭘 하고 있었나, 우리도 맞서야 한다고 외치며 반일 운동에 나선 것이지요. 중국 전국 200여 대학들의 동맹 휴교, 노동자들의 지원 파업 등 중국 전체는 운동의 물결이 일어났습니다.

5·4운동이 중요한 의미는 이렇습니다. 중국 역사상 거의 처음으로 지식인, 노동자, 농민이 하나로 뭉칠 수 있다는 걸 보여준 운동이었다는 점. 그리고 우리가 알고 있는 국민당, 중국공산당을 창당시킨 원동력이었다는 점입니다. 중국 산둥성 청다오에는 운동의 이름을 딴 5·4 광장이 있습니다. 그리고 그 광장 가운데 붉은색 횃불 모양의 모형물이 서 있습니다. 청다오를 표현하는 동시에 5·4운동을 기리는 상징입니다.

돌아온 쑨원과 그의 마지막, 그리고 마오쩌둥의 등장

5·4 운동 이후, 쑨원은 다시 중국으로 귀향합니다. 그는 골몰했습니다. '지금까지 너무 순진했어. 내가 군벌들한테 당한 건 확실한 파벌이 없어서였지. 강력한 정치활동을 위해서는 정치 세력화가 필요해'라는 생각으로 1919년, '국민당'을 창당합니다. 그리고 몇 년 후인 1921년 7월 23일, 상하이의 한 학교 기숙사에서 13명이 모여 하나의 정당을 만듭니다. '수천 년 동안 군주제에 핍박받아온 중국의 노동자, 농민이 주체가 돼서 세상을 바꿔보자'라는 취지로 중국공산당이 탄생합니다. 정말 초라하고도 미약한 시작이었습니다. 하지만 그 13명 중에는 이후 중화인민공화국을 세우게 되는 청년, 그 유명한 마오쩌둥(毛澤東)이 있었습니다.

당시 중국은 남북으로 갈라져 있던 상태였어요. 쑨원이 다시 돌아와 국민당을 창당했지만 그의 세력은 겨우 남쪽 자기 고향 광둥성 정도밖에 안되었답니다. 참고로 쑨원은 중국 표준어를 쓰던 사람이 아니었습니다. 고향이 광둥성이라서, 우리가 홍콩영화를 보면 들을 수 있는 광둥어를 쓰는 사람이었습니다.

그럼 중국 북부는 어땠을까요? 위안스카이가 죽고 난 후 그의 부하들이 군벌을 만들어서 베이징을 비롯한 북부 지역을 장악하고 있던 상황이었어요. 쑨원은 또 고민해요. 북벌을 해서 저 군벌세력들을 물리치고 중국을 통일해야 하는데 뭐 좋은 방법이 없을까 머리를 쥐어짰죠. 그러다가 눈에 들어온 것이 당시 급격하게 세를 불리고 있던 중국공산당이었습니다. 공산당은 농촌 지역에서 어마어마한 인기를 끌고 있었어요. 노동자, 농민을 해방시켜준다고 하니 어떤 농민이 싫어할까요. 쑨원은 이렇게 세력을 불리고 있던 공산당과 손을 잡고 북벌을 하면 승산이 있겠다고 판단해요. 그래서 쑨원의 국민당과 중국공산당이 '힘을 합쳐 북벌하자! 베

공산주의 사상에 몰두하던
청년 시절의 마오쩌둥

이징을 해방시키자'라고 외치며 손을 잡습니다. 그것이 우리가 역사책에서 배웠던 1924년 1월의 '제1차 국공합작'이랍니다. 그럼 2차도 있냐고 물으신다면, 그렇습니다. 곧 설명하겠습니다. 하여간 1차 국공합작으로 안 그래도 세를 엄청 불리고 있던 공산당의 몸값은 하늘로 치솟습니다. 쑨원의 국민당과 어깨를 나란히 할 정도라는 인정을 받은 거나 마찬가지였으니까요.

공산당과 손을 잡은 쑨원의 국민당은 군사를 체계적으로 훈련하기 위해서 군사학교를 세웁니다. 오합지졸로 베이징을 점령할 수는 없으니까요. 1924년 6월, 쑨원의 고향인 광저우에 황포군관학교를 만들죠. 어디서 많이 들어본 것 같지 않나요? 당시 나라를 잃고 독립운동을 하던 우리 조선의 독립투사들도 대거 입학한 곳입니다. 의열단을 만든 약산 김원봉도 이 학교 출신이지요. 이 황포군관학교의 초대 교장으로 우리가 잘 알고 있는 장제스(蔣介石)가 취임합니다. 일본 군관학교 출신 전문 군인이었죠. 중국 근대사를 뒤흔들 또 한 명의 인물이 등장한 순간이었습니다.

쑨원사망후북벌을준비하던중인장제스

　1차 국공합작으로 북벌을 위한 모든 준비가 다 끝났던 1925년. 쑨원은 갑작스러운 간암으로 세상을 떠납니다. 그의 마지막 유언은 이러했습니다. "아직 혁명을 완수하지 못했는데…." 쑨원이 죽고 나서 공백이 된 국민당 권력을 두고 다툼이 생깁니다. 그리고 황포군관학교 교장이었던 장제스가 권력 싸움에서 승리하면서 쑨원의 권력을 계승합니다.

　여기서 문제가 생겨요. 장제스는 공산당을 싫어하는 반공주의자였습니다. 또한 권력을 자기 혼자 독식하고 싶었지요. 중국 대륙의 권력을 공산당과 반으로 나누기 싫었던 겁니다. 쑨원이 북벌을 위해서 공산당과 손을 잡은 것이 영 마음에 안 들었던 장제스는 집권을 하자마자 본격적으로 공산당과의 '손절' 작업에 들어갑니다. 이른바 청당(清黨) 작업이었는데, 말 그대로 국민당 내부의 공산당 동조 세력을 청소해버리겠다는 뜻입니다.

　그리고 1927년 4월 12일, 장제스는 공산당의 주요 거점 중 하나인 상하이를 기습 공격해서 상하이의 공산당원, 추종세력을 모조리 소탕합니다. 그 과정에서 상하이 최대 폭력조직까지 동원하는 치졸함을 보여요. 이것이 바로 장제스가 주도한 1927년 '4·12 상하이 대학살'입니다. 상하이 시내에서만 1만 명이 넘는 공산당원이 장제스군에 의해 목숨을 잃습니다. 장제스는 상하이 쿠데타 이후 본격적으로 중국 전역에서 공산당원 숙청 작업에 들어갔는데 최대 30만 명 이상이 희생되었답니다. 당연한 결과로 1차 국공합작은 깨지고 본격적으로 국민당과 공산당 간의 내전이 시작됩니다. 이른바 중국의 '국공내전'의 시작이었죠.

죽음도 막지 못한 사랑
주문옹, 진철군 부부

장제스의 상하이 대학살 소식은 광저우까지 전해집니다. 격분한 광저우의 공산당원들은 국민당을 상대로 한 반격을 준비했어요.

1927년 12월 11일. 광저우 지역의 공산당원, 농민, 노동자 약 300명이 국민당의 무자비한 탄압에 항거하며 국민당사 점거 등 무력행사를 합니다. 공산당 결사대 20명은 치열한 교전 끝에 국민당 공안국 교도소를 점령하고 수감자들을 탈출시켰어요. 그리고 광저우 시내 곳곳에 '근무시간 8시간 보장! 노동자 임금 인상!' 등의 포스터까지 내걸었습니다. 이것이 바로 '광주기의(廣州起義)'라고 부르는 광저우 공산당 봉기입니다.

그러나 국민당군은 당시 광저우 앞바다에 정박해 있던 미국, 영국 해군

주문옹, 진철군 부부의
처형 직전 결혼사진

의 도움을 받아 공산당원들을 진압합니다. 당시 검거된 공산당원 중에는 20대 초반의 앳된 주문옹, 진철군이라는 청년도 있었어요. 둘은 위장 부부로 행세하며 국민당에 맞서 싸우다가 검거된 것입니다. 그리고 이 둘은 국민당의 법정에서 사형을 선고받아요.

1928년 2월 6일, 사형 집행의 날이 왔습니다. 총살형을 앞두고 집행관이 둘에게 물었습니다. '마지막 할 말은 있는가?'라고요. 그때 남편 역할을 했던 주문옹이 마지막 소원이 있다고 이야기합니다. 옆의 이 여자와 위장 부부로 살아왔지만 죽을 때만큼은 진짜 부부로 죽고 싶다. 마지막으로 결혼사진 한 장만 남기게 해달라고 요청합니다. 국민당은 이를 허락하고, 둘은 형장의 이슬이 되기 전 철창 앞에서 처음이자 마지막이 되는 결혼사진 한 장을 찍게 돼요. 그리고 주문옹은 하늘을 보고 외칩니다. '이제 곧 울릴 국민당군의 총성은 우리 결혼을 축하해 주는 예포다!'라고요. 이 부부의 추모 동상은 지금도 중국 광저우 시내에 있답니다. 광저우는 시내 곳곳이 중국 근대화 혁명의 유적지로 가득 차 있는 곳이기도 합니다.

중국을 통일한 장제스,
그리고 마오타이주의 탄생

장제스는 생각했어요. 베이징에 남아 있는 군벌을 다 물리칠 수 있다고요. 굳이 공산당의 힘을 빌리지 않고 자기 혼자 힘으로도 해결할 수 있다고 여깁니다. 그만큼 자신만의 단독 군사력에 자신감이 있었던 거죠. 공산당과 손잡을 필요도 없다고 판단하게 되고요. 그래서 북벌이 완성되지 않았음에도 상하이, 광저우 등지에서 무자비한 기세로 공산당 탄압에 나섭니다. 장제스의 판단은 맞았습니다. 1928년, 장제스의 군대는 공산당의 도움 없이 남에서 북으로 치고 올라가 베이징에 입성하고, 남아 있던 베이징 군벌 세력을 물리칩니다. 청나라가 망한 후 아수라장이었던 중국이 장제스에 의해 통일된 순간이었습니다.

이제 중국도 통일이 된 마당에 장제스 입장에서는 거칠 것이 없었습니다. 눈엣가시였던 공산당에 대한 대대적인 토벌에 들어갑니다. 당시 공산당의 근거지는 강서성(江西省)이란 곳이었어요. 장제스는 그 공산당 근거지를 포위해서 공산당의 마지막 숨통을 끊기로 합니다. 1934년이 되어 장제스는 50만의 병력, 200여 대의 전투기로 총공세에 들어갑니다. 철저하게 이중 봉쇄까지 해서 탈출 퇴로를 막는 치밀함까지 보였어요.

마오쩌둥이 이끌던 약 10만 명의 홍군(공산군에서 이름을 바꿨습니다)은 일생일대의 결심을 합니다. 모두 걸어서 포위망을 뚫고 여기서 탈출하자는 계획이었죠. 중국사 최대의 도보 탈출 작전의 시작이었습니다. 당시 중국 상황은 1931년에 일본이 이미 무력으로 만주를 침공한 상태였거든요. 그러면 일단 일본의 침략에 맞서 싸운 후 공산당 토벌이든 뭐든 해야 했습니다.

그런데 장제스는 정말 이상한 결정을 합니다. '내부의 적을 먼저 없앤 후 외부의 적을 처리하자'라는 논리를 주장하죠. 이른바 '안내양외(安內攘外)'입니다. 즉, 안을 먼저 평안하게 만든 후 외적을 물리치자는 뜻이었어요. 심지어 '일본군이 피부병이라면 공산군은 심장병이다'라는 형이상학적 헛소리까지 하면서 공산당 토벌에 집착합니다.

홍군은 이제 목숨을 건 탈출을 시도합니다. 앉아서 개죽음을 당할 순 없으니까요. 1934년 10월, 강서성을 탈출한 홍군 10만 명은 1935년이 되도록 1년 넘는 기간 동안 무려 18개의 산맥과 17개의 강을 건넙니다. 총 1만 2,000킬로미터를 행군한 겁니다. 태평양 전쟁 편에서 말했던 것처럼, 일본은 만주를 침공한 뒤 중국의 반격이 없어서 의아해했죠. 중국 상황이 이렇게 극에 달한 상태였기 때문입니다. 일본이 만주를 침략하든 말든 장제스의 목표는 오로지 공산군 소탕뿐이었습니다. 홍군이 걷고 또 걷는 행군을 하다가 지쳐서 도저히 걸을 수가 없을 때 귀주성(貴州省)의 한 마을에 도착했어요. 홍군은 마을 주민들이 내어준 전통주를 마시고 깜짝 놀랍니다. 이런 술맛은 처음이었거든요. 술로 상처 난 부위도 소독하고 다시 힘을 얻어 행군을 시작했답니다. 이후 마오쩌둥이 중화인민공화국을 세운 이후, 그때 마을에서 마신 술을 회상하며 고마워했다고 해요. 그 술이 아니었다면 '대장정'이 성공하지 못했을 수도 있었으니까요. 그래서 그 술을 중국의 '국주(國酒)'로 명명합니다. 그 마을 이름이 바로

'마오타이(茅台)'였고 홍군이 마셨던 그 고마운 술이 바로 '마오타이주(茅台酒)'입니다.

부하에게 납치당한 장제스 시안사건

　　일본군이 만주를 점령하는 등 이미 중국이 침공당하던 상황에서도 장제스는 오로지 공산당 토벌만 외쳤죠. 중국 곳곳에서는 이러한 장제스의 행동을 규탄하는 불만이 터져나왔습니다. 심지어 같은 국민당 내부에서도 공산당과의 내전 중지하고 일본과 먼저 맞서 싸우자는 의견이 나왔죠. 결국 1936년 12월 12일, 장제스의 부하였던 장쉐량(張學良)이라는 국민당 부사령관이 잠자던 장제스를 납치해서 감금하는 일이 벌어집니다.

　　중국에 시안이라는 곳이 있는데요, 진시황릉도 있고 병마용도 있는 역사적인 도시죠. 우리에겐 당나라의 수도로 잘 알려진 곳입니다. 여기에 화청지(華清池)라는 곳이 있는데 당나라 때 양귀비의 별장이었답니다. 지금도 유명한 관광명소고요. 장제스가 감금된 곳이 이곳이었습니다. 이 사건을 12·12 시안사건(西安事變)이라고 부릅니다. 상관인 장제스를 납치

만주 군벌 출신의 장쉐량

했으니 당연히 하극상이었죠. 이런 일이 생길 정도로 장제스의 고집은 위험했던 겁니다. 장제스는 장쉐량에게 '공산군이 아니라 일본군을 먼저 공격하겠다'라는 약속을 하고 풀려납니다.

자존심이 다 구겨진 장제스는 억지로 공산당과 다시 손잡습니다. 이것이 바로 1937년 제2차 국공합작입니다. 그리고 여기서 홍군이 대활약하기 시작해요. 홍군이 대장정을 시작했을 때는 10만 명이었지요. 하지만 목적지에 도착해보니 1만 명밖에 남지 않았어요. 다 죽거나 도주한 상태였지요. 그만큼 힘든 여정이었답니다. 하지만 남은 1만 명을 보자면, 그들은 별의별 산전수전 공중전을 다 겪은 이들입니다. 그 때문에 최강의 전사로 변모한 상태였습니다. '전투 머신'이 된 1만 명의 홍군은 대륙을 침공한 일본군을 정말 집요하게 괴롭히면서 게릴라전을 펼칩니다.

중화인민공화국 건국, 대만으로 떠난 장제스

1945년 8월 15일. 일본이 원자폭탄 2발을 맞고 태평양 전쟁에서 패합니다. 우리나라는 해방이 되었고 중국은 '중일전쟁'이 종료되는 순간이었습니다. 그러면 지금까지 손을 잡았던 장제스와 마오쩌둥은 계속 손잡고 같이 갈까요? 아닙니다. 공동의 적이 사라졌으니 다시 서로를 적으로 두고 싸워야지요. 일본이 사라진 중국 대륙에서 국민당과 공산당은 대륙의 패권을 놓고 마지막 혈전을 벌이기 시작합니다.

그런데 객관적으로 전력이 뒤졌던 공산당의 홍군이 서서히 국민당군을 압도하기 시작합니다. 어찌된 일이냐면, 마오쩌둥의 공산당은 중국 민중들의 민심을 얻으며 전쟁을 치렀기 때문입니다. 마오쩌둥은 휘하 홍군 병사들에게 철저히 명령을 내립니다. '절대 민간인들의 재산을 훔치지 마라. 무언가 신세를 지면 꼭 갚아라' 등등. 심지어 '잠자리를 빌렸다면 꼭 아침에 나올 때 이불을 개고 나와라'라는 세심한 명령까지 했답니다. 청나라가 망한 후 정말 아수라장이 된 중국에서 소외되고 희생만 강요받았던 농촌의 농민들, 도시의 노동자들은 이런 마오쩌둥의 지도력에 감동을 받습니다. 스스로 홍군에 참여하는 젊은이들도 서서히 늘어갔어요. 마오쩌둥의 홍군이 온다는 소식에 성문을 먼저 열어주는 마을도 생겨납니다. 세상에서 가장 든든한 지원군, 바로 '민심'이 마오쩌둥의 공산당 쪽으로 향하고 있었던 겁니다. 중일전쟁이 끝나고 겨우 100만이었던 홍군은 200만의 대군으로 성장해 나갑니다.

반면 장제스는 계속 민심이 떠나갈 일만 벌였어요. 1938년, 일본군이 베이징을 점령하고 남하를 시작하자 일본군을 '수공(水攻)'으로 막는다면서 황하의 댐을 일부러 폭파시킵니다. 그런데 일본군은 피해를 거의 입지 않았습니다. 오히려 그 주변에 살던 중국인만 100만 명 가까이 홍수 때문에 사망하고 1,200만 명의 이재민이 발생하는 어이없는 일이 벌어진 거죠. 홍수가 난 곳은 하남성이라는 지역이었는데, 논밭이 다 물에 잠겨 이후 엄청난 대기근의 원인이 됩니다.

또 장제스의 국민당은 1945년 8월 15일 일본 패망 이후에 폐허가 된 중국 경제 재건을 시작했어야 했어요. 당시 중국의 '합법 정부'였기 때문

마오쩌둥이 천안문 광장에서 중화인민공화국 성립 선포를 하고 있다

이죠. 하지만 '공산당부터 때려잡자'라는 생각에 몰두한 나머지 피해복
구는 내팽개치고 내전을 계속해요. 전쟁을 하려면 돈이 필요하기 때문
에 돈을 무수히 찍어내고요. 시장에 돈이 너무 넘쳐 나면 어떤 일이 발생
하죠? 네, 인플레이션(inflation) 현상이 옵니다. 그야말로 돈의 가치가 '휴
지'가 되는 것이죠. 도시의 노동자들은 월급도 받지 못했고 안 그래도 거
지꼴을 면하지 못하고 있었는데, 완전히 상거지가 됩니다. 민심이 떠날
수밖에 없었지요.

　1949년 1월, 민심 잃은 국민당군을 압도하기 시작한 마오쩌둥과 그가
이끄는 홍군이 드디어 베이징에 입성합니다. 4월에는 국민당의 거점이
었던 난징까지 점령합니다. 같은 해 10월 1일에는 마오쩌둥이 베이징 천
안문에 올라 중화인민공화국의 성립을 선포합니다. 국민당과 공산당의
국공내전에서 공산당이 승리하는 순간이었습니다. 이미 대세는 기울었
다고 판단한 장제스는 중국 대륙의 금괴와 국보급 보물들을 대만으로 실
어 나르기 시작했습니다.

지금도 중국의 모든 보물은 베이징의 국립박물관에 있는 것이 아니라 대만 타이베이의 국립박물관에 있답니다. 장제스가 패망하기 전에 빼낸 것이죠. 그리고 12월 7일이 되자 장제스는 미 해군 함대의 호위를 받으며 쓸쓸히 대만으로 탈출합니다. '다음을 기약'했지만 다시는 대륙으로 돌아오지 못합니다.

대만에서의 국민당

일본 패망 이후 조선도 광복절을 맞이했죠. 그 당시 대만도 일본의 식민지였답니다. 당연히 같은 날 대만도 일본으로부터 해방됩니다. 그리고 국민당군이 들어와 대만을 접수해요. 공식적으로는 장제스의 국민당이 중국의 정식 정부였으니까요. 그리고 엄청난 차별정책을 펼칩니다. 외성인(外城人)이라고 부르는 중국 본토에서 건너온 국민당과 내성인(內城人)이라고 부르는 대만 원주민들을 차별하기 시작한 겁니다. 본토인들이 원주민을 탄압했던 것이죠. 당시 대만인들 사이에서는 "개가 떠나니 돼지가 왔다(狗去豬來)"는 말까지 나돌았습니다. 국민당은 대륙에서 잃은 민심을 대만에서도 잃기 시작한 겁니다.

1947년 2월 27일, 타이베이 시내에서 당시 전매품이던 담배를 몰래 팔던 내성인 노파를 국민당 소속 단속반이 집단 폭행하는 일이 발생했습니다. 소식을 들은 내성인들은 그때까지 쌓였던 분노를 터뜨려요. 다음

국민당의 탄압과 차별에 맞서 항의 시위를 하는 대만 시민들

날인 2월 28일부터 수도 타이베이뿐 아니라 대만 전국에서 반(反)국민당 시위가 벌어졌는데 국민당은 기관총까지 동원해서 무자비한 진압에 들어갑니다. 이 때문에 거의 3만 명이 아까운 목숨을 잃었어요. 지금도 타이베이에 가면 2·28 민주화운동 기념비가 서 있습니다. 그리고 이와 관련된 영화가 있습니다. 〈비정성시〉(悲情城市, 1989)라는 영화인데 중국어로 '도시'를 성시(城市)라고 하거든요. 즉 '비정한 도시'란 말이죠. 양조위의 신인 시절 연기도 감상할 수 있습니다. 꼭 한번 보기 바랍니다.

대만으로 쫓겨난 장제스는 대륙 수복을 외치며 평생을 대만에서 살다가 1975년 4월 5일, 타이베이에서 숨을 거둡니다. 장제스의 묘는 가묘, 즉 임시 묘입니다. 나중에 국민당이 다시 대륙을 탈환하면 자신의 유해를 대륙에 다시 묻어달라는 유언을 남겼기 때문입니다. 하지만 그의 가묘는 여전히 대만에 남아 대륙 쪽을 말없이 바라보고 있습니다.

비정성시
悲情城市

개봉	1989
장르	드라마, 역사
감독	허우 샤오시엔

대만의 비극을 다룬 영화

대만 역사, 아니 중국 근현대사에서 가장 큰 비극이라고 할 수 있는 1947년에 일어난 2·28 민주화운동을 그린 영화입니다. 공산당과의 내전에서 연일 패하고 대만으로 밀려 내려온 국민당 세력은 대만을 무력으로 지배하려다 결국 본토인들의 저항에 직면하게 됩니다. 국민당 세력은 대만 본토인들을 총칼로 무력진압하려 했고 무려 3만 명 이상이 희생되는 참사가 벌어졌지요. 광주 민주화운동이 연상됩니다. 그 끔찍했던 사건을 담담한 흑백 톤으로 풀어나간 수작입니다. 말 못하는 사진사(양조위 분)의 기록이라는 점에서 역설적으로 가슴 아픈 역사를 영화라는 '말로써' 고발한 것이지요. 영화는 '1949년 대륙의 주인이 바뀌었고, 장제스는 대만으로 내려와 타이베이를 새로운 수도로 삼았다'라는 자막으로 끝납니다. 나름 열린 결말이랍니다. 장제스가 대만에 내려와 대만을 지배했다, 란 객관적 사실을 던져주면서 역사적 결론은 '국민당의 대만 지배의 당위성을 관객 스스로 따져보라'라는 감독의 의도였던 것이죠. 모택동의 중국, 장제스의 대만을 이해하기 위해서는 꼭 한번 봐야 하는 영화입니다.

중국 근대사를
다룬 썬킴의
오디오클립을
들어보세요

미국 생활에서 시작된 거침없는 세계사 여행

모든 건 미국 캘리포니아에서 시작됐다. 내가 10대 후반과 20대 시절을 보낸 캘리포니아는 나에게 있어 제2의 고향이다. 1992년 LA 흑인폭동에서도 살아남았다. 한때 인터넷에서 화제가 됐던 '코리아타운 루프탑 코리안' 중 한 명이 나다. 경찰도 진압을 포기한 무법천지 폭동 한가운데서 살아남기 위해 무기를 들 수밖에 없었다. 1994년 LA 대지진 때도 현장에 있었다. 우리 집 옆에 있던 아파트가 눈앞에서 무너지는 것도 목격했다.

이런 잊을 수 없는 사건들과 함께했던 캘리포니아 생활 중에 깜짝 놀란 것이 하나 더 있었다. 바로 그곳의 지명과 도로명들이었다. 처음 미국에 도착했을 당시 나는 앞으로 영어만 잘하면 된다는 생각을 가지고 있었다. 하지만 눈에 들어온 건 스페인 혹은 멕시코의 어느 한 지방의 모습이었다. '라브레아(La Brea)' '엘세군도(El Segundo)' '엘카미노(El Camino)' 등의 지명은 물론, 거리에 넘쳐나던 멕시코계 주민들을 볼 수 있었다. '내가 미국이 아닌 엉뚱한 곳에 온 건 아닐까?'라는 생각까지 들 정도였다.

그리고 나중에야 알게 되었다. 미국 캘리포니아는 원래 멕시코 땅이었는데 미국이 멕시코와 전쟁을 벌여 거의 강제로 빼앗았다는 사실을 말이다. 다시 의문이 들었다. 멕시코는 왜 캘리포니아(대한민국의 4배 크기), 텍사스 등 이렇게나 광활한 땅을 미국에 어이없이 빼앗기게 되었을까? 미국은 왜 서부 지역을 개척했을까? 그리고 수많은 멕시코계 주민들은 왜 원래 자기들의 땅이었던 캘리포니아에서 '맥잡(McJob, 시급이 낮은 일을 하는 노동자)'이나 하는 사람들이라는 욕을 먹으며 힘들게 허드렛일을 하며 살고 있을까?

국가와 사람들, 그리고 역사에 대한 호기심이 나를 여기까지 데려온 듯하다. 내가 직접 경험하고 부딪힌 일에서부터 시작된 궁금증이 역사를 공부하게 하고, 그 역사를 다시 사람들에게 이야기로써 전해주게 되었다.

다음에는 내가 머물렀던 국가인 미국의 역사를 다뤄볼까 한다. 우리가 흔하게 접해온 뻔한 미국사가 아니라, 미국 현지에서 느끼고 겪었던 일들을 바탕으로 풀어 나가려고 한다. 또한 미국사를 다룬다면 빼놓을 수 없는 것이 남미의 역사이기도 하다. 남미 역사는 그 중요성에 비해 상대적으로 소외되어 왔다. 하지만 세계사에 관심 있는 사람이라면 누구나 궁금하지 않을까? 한때 유행했던 티셔츠의 주인공, 체 게바라가 꿈꾸었던 남미는 어떤 남미였을까? 또 미국은 어떤 싸움을 벌여서 지금의 '천조국'이 되었을까?

'거침없는 세계사'가 갈 수 있는 세계는 넓고도 넓다. 언제든지, 어디로든 여행을 떠날 수 있을 것이다.

참고 자료

참고 도서

《30개 도시로 읽는 세계사》, 조지무쇼, 다산초당, 2020

《검은 유혹, 맛의 디아스포라 짜장면》, 유중하, 섬앤섬, 2018

《광저우 사람과 문화 읽기》 리궁밍, 다산미디어, 1995

《광저우 이야기》, 강정애, 수류산방중심, 2010

《궁금해서 밤새 읽는 유럽사》, 김상엽 · 김소정, 청아, 2018

《그때, 중국에선 어떤 일이 있었나?》, 임명현, 돋을새김, 2019

《동학농민운동》, 이이화, 사파리, 2012

《미국 vs 일본 태평양에서 맞붙다》, 이성주, 생각비행, 2017

《본격 한중일 세계사》, 굽시니스트, 위즈덤하우스, 2018

《역사의 색》, 댄 존스 · 마리나 아마랄, 윌북, 2018

《왜 일본은 한국을 정복하고 싶어 하는가》, 하종문, 메디치, 2020

《요시다 쇼인, 시대를 반역하다》, 김세진, 호밀밭, 2018

《음식으로 읽는 중국사》, 윤덕노, 더난출판, 2019

《이미지로 읽는 중화인민공화국》, 류영하, 소명출판, 2010

《일본 회의의 정체》, 아오키 오사무, 율리시즈, 2017

《제1차 세계대전》, 윤형호, 살림, 2019

《제2차 세계대전》, 윤형호, 살림, 2019

《제2차 세계대전》, 앤터니 비버, 글항아리, 2017

《중국 역사와 문화 들여다보기》, 문승용, HUEBOOKs, 2012

《중국, 중국인, 중국음식》, 주영하, 책세상, 2000

《중국동북지역과 한민족》, 곽승지, 모시는사람들, 2017

《중국사》, 조관희, 청아, 2018

《중국의 두 얼굴》, 양둥핑, 펜타그램, 2008

《중국의 체온》, 쑨거, 창비, 2016

《지도로 보는 세계사》, 미야자키 마사카쓰, 이다미디어, 2005

《천하관과 근대화론》, 이혜경, 문학과지성사, 2002

《통유럽사》, 김상훈, 다산초당, 2010

《파국으로 향하는 일본》, 이성주, 생각비행, 2017

《하얼빈 할빈 하르빈》, 박영희, 아시아, 2015

《한글자 중국》, 김용한, 휴머니스트, 2018

《혁명의 맛》, 가쓰미요이치, 교양인, 2015

《홍콩이라는 문화공간》, 류영하, 아름나무, 2008

참고 사이트

The U.S. Congress Library www.loc.gov

American Historical Association www.historians.org

New York Public Library www.nwpl.org

BBC History www.bbc.co.uk/history/ancient/

National Museum of American History www.americanhistory.si.edu

European History Online www.ieg-ego.eu/

The U.K. History Online www.nationalarchives.gov.uk/

이미지 출처

위키피디아

저자 제공 자료 사진